日语完全教程

练习册

第二册

日本语教育教材开发委员会 编著
新东方日语教研组 编译

著作权合同登记号　图字:01-2012-8754

图书在版编目(CIP)数据

日语完全教程:练习册.第二册/日本语教育教材开发委员会编著.—北京:北京大学出版社,2013.3

(应用日本语系列)

ISBN 978-7-301-22032-0

Ⅰ.①日…　Ⅱ.①日…　Ⅲ.①日语－水平考试－习题集　Ⅳ.①H369.6

中国版本图书馆 CIP 数据核字(2013)第 016727 号

Copyright © 西暦年号 by SenmonKyouiku Publishing Co., Ltd.

中国内の出版・販売権は北京大学出版社が有しており、それについて株式会社専門教育出版は同意した。

经由专门教育出版株式会社同意，本书在中国的出版、销售权归北京大学出版社所有。

书　　　　名：	日语完全教程:练习册·第二册
著作责任者：	日本语教育教材开发委员会　编著
责任编辑：	兰　婷
标准书号：	ISBN 978-7-301-22032-0/H·3240
出版发行：	北京大学出版社
地　　址：	北京市海淀区成府路 205 号　100871
网　　址：	http://www.pup.cn　新浪官方微博:@北京大学出版社
电子邮箱：	编辑部 pupwaiwen@pup.cn　总编室 zpup@pup.cn
电　　话：	邮购部 62752015　发行部 62750672　编辑部 62759634　出版部 62754962
印　刷　者：	山东百润本色印刷有限公司
经　销　者：	新华书店
	787 毫米×1092 毫米　16 开本　7 印张　175 千字
	2013 年 3 月第 1 版　2025 年 3 月第 9 次印刷
定　　价：	21.00 元

未经许可,不得以任何方式复制或抄袭本书之部分或全部内容。

版权所有,侵权必究

举报电话:010-62752024　电子邮箱:fd@pup.cn

使用说明

本书为《日语完全教程》第二册教科书的配套练习册。教科书由 20 课构成，每课的知识点按照句型和例句的顺序排列，课后附有「練習」（练习）栏目，用以确认学习者是否掌握了知识点和进行复习。

开发本书的目的在于，对教科书的「練習」栏目进行扩充，进一步夯实学习者对各课知识点的掌握。本书的每课都由「練習1」（练习1）和「練習2」（练习2）两部分构成。两者原则上都主要使用已学的词汇，以变形、填空等方式反复巩固句型，进行会话和口头练习。相比之下，练习2更偏重于阅读和造句。

此外，本书每 5 课设置一次 4 页篇幅的「復習テスト」（复习测试）。测试的对象原则上为复习前面 5 课的内容，但第 10 课之后的复习测试不一定拘泥于前 5 课的内容，而有可能涉及到更早之前的知识点。测试题的每道题都标有分值，满分为 100 分，可以用来进行小测验。

希望各位能充分应用本书，对《日语完全教程》第二册的学习内容进行全面而深入的强化及巩固。相信本书无论是用来回顾课堂内容，还是当作家庭作业，都是一个极好的选择。

2013 年 1 月

编者

本書の使い方

問題の種類

　単純な言葉の変形問題、正しい文型を選ぶ選択問題、正誤問題（○×）のような基本的な定着練習から、二つの文を正しく結ぶ文完成問題、文章読解問題、簡単な全文記述問題まで、豊富なバリエーションを揃えています。機械的な練習で基礎力を養い、同時に問題文や例文から正確に指示を理解し、実行することができ、他の学力試験や能力試験にも応用できるような習慣付けができます。

「もんだい」

　各課におけるそれぞれの小問（「もんだい」）は必ずしもテキストの学習順に沿って並べられておりません。しかし、それぞれの「もんだい」で学習項目が独立しているため、各課で一つ項目を学習したら、それに対応する「もんだい」番号を一つ完成させることができます。

　また、練習（2）にある文章読解の「もんだい」では、その課で学習したすべての項目を含んだ文章が掲載されており、その文型の果たす機能について理解を深める事ができ、全文記述の「もんだい」では、その課で身に付けた文型と既習の語彙を使って自由に作文するといった、「書く」練習ができるようになっております。

復習テスト（1）～（4）

　第一冊同様、それぞれの回で、5課、10課、15課、20課終了時点での学習者の到達度を測るものとなっております。前述してあるように、評価は点数（満点100点）で示されるので、宿題や授業の一環として活用するだけでなく、定期的な試験としての機能にも十分対応したものとなっています。

　学習者にとっては、別紙解答との併用で自分の弱点を知ることができ、また教師にとっては授業のフィードバックの材料として活用することができます。

目录

使用说明... 3
本書の使い方... 4

第1課... 6
第2課... 10
第3課... 14
第4課... 18
第5課... 22

復習テスト（1）.. 26

第6課... 30
第7課... 34
第8課... 38
第9課... 42
第10課.. 46

復習テスト（2）.. 50

第11課.. 54
第12課.. 58
第13課.. 62
第14課.. 66
第15課.. 70

復習テスト（3）.. 74

第16課.. 78
第17課.. 82
第18課.. 86
第19課.. 90
第20課.. 94

復習テスト（4）.. 98

答案.. 102

第1課（練習1）

もんだいⅠ 例を見て書きましょう。

（例）旅行します　→　来月＿＿旅行するので＿＿、パスポートを準備します。

（1）あります　　　→　あした試験が＿＿＿＿＿＿＿、今晩うちで勉強します。

（2）こわれました→　カメラが＿＿＿＿＿＿＿、修理しました。

（3）わかりません→　パソコンの使い方が＿＿＿＿＿＿＿、友だちに聞きます。

（4）遠いです　　　→　駅まで＿＿＿＿＿＿＿、バスで行きます。

（5）誕生日です　　→　今日は友だちの＿＿＿＿＿＿＿、
　　　　　　　　　　　　　　　　　　プレゼントを買いに行きます。

（6）ひまです　　　→　＿＿＿＿＿＿＿、買物に行きます。

もんだいⅡ 例を見て書きましょう。

（例）習いました　→　昨日＿＿習ったのに＿＿、もう忘れました。

（1）出しました　→　手紙を＿＿＿＿＿＿＿、返事が来ません。

（2）待っています→　友だちを＿＿＿＿＿＿＿、まだ来ません。

（3）高いです　　→　この店は＿＿＿＿＿＿＿、あまりおいしくないです。

（4）便利です　　→　このパソコンは＿＿＿＿＿＿＿、
　　　　　　　　　　　　　今こわれていて使うことができません。

（5）日曜日です　→　＿＿＿＿＿＿＿、会社へ行かなければなりません。

もんだいⅢ 文を書きましょう。

（例1）郵便局／あのビルの1階ですよ。
　　　郵便局なら、あのビルの1階ですよ。

（例2）車／ドイツ製がいいなあ。
　　　車なら、ドイツ製がいいなあ。

（1）今朝の新聞／もう捨てましたよ。
　　　＿＿＿＿＿＿＿＿＿＿＿＿＿＿＿＿＿＿＿＿＿＿＿＿＿＿＿＿＿

（2）キムさん／今、コピーをとっています。
　　　＿＿＿＿＿＿＿＿＿＿＿＿＿＿＿＿＿＿＿＿＿＿＿＿＿＿＿＿＿

（3）山田さん／昨日から出張しています。
　　_____

（4）ケーキ／あの店が有名です。
　　_____

（5）音楽／ジャズが好きです。
　　_____

（6）デザインの勉強／フランスがいいでしょう。
　　_____

もんだいIV どれがいいですか。いいものに○を書きましょう。
（例）たくさん歩いた　｛のに・なら・(ので)｝　足が痛くなりました。
（1）早く結婚したい　｛のに・なら・ので｝　まだ恋人もいません。
（2）目が悪い　｛のに・なら・ので｝　いつもメガネをかけています。
（3）ここは大学の食堂　｛のに・なら・なので｝　とても安いです。
（4）おやつ　｛なのに・なら・ので｝　ケーキがいいです。
（5）お金を入れた　｛のに・なら・ので｝　切符が出ません。
（6）スタットさん　｛なのに・なら・なので｝　今、買物に行っています。

もんだいV 例を見て書きましょう。
（例）国へ帰ります　　　　　→　__国へ帰る__　　ので　[a]。
（1）朝ご飯を食べませんでした　→　_____　ので　[　]。
（2）その映画　　　　　　　→　_____　なら　[　]。
（3）病気が治りました　　　→　_____　ので　[　]。
（4）3時に約束しました　　→　_____　のに　[　]。
（5）日本の生活　　　　　　→　_____　なら　[　]。
（6）部屋がきたないです　　→　_____　のに　[　]。

```
a. おみやげを買いました      b. 友だちは来ませんでした
c. 先週もう見ました          d. まだ掃除していません
e. おなかがすきました        f. もう慣れました
g. 学校へ行きます
```

第1課（練習2）

もんだいI （　）に言葉を書きましょう。

（例）あしたテストがある（ので）、勉強しなければなりません。
(1) ワンさんはまじめな学生な（　　　）、宿題を忘れません。
(2) パソコンを持っている（　　　）、インターネットができません。
(3) 薬を飲んだ（　　　）、まだ頭が痛いです。
(4) 恋人のプレゼント（　　　）、バラの花がいいと思いますよ。
(5) 中国のお土産（　　　）、ウーロン茶がいいでしょう。

もんだいII 例を見て書きましょう。

（例）勉強したいです／歴史
　　A：先生、日本の歴史を＿勉強したいので＿、いい本を紹介してください。
　　B：＿歴史なら＿山田先生に聞いてください。いい本を教えてくれますよ。

(1) 買いました
　　A：お母さん、新しい靴、買って。
　　B：えー、3か月前に＿＿＿＿＿＿＿、もう小さいの？

(2) 用事があります
　　A：きょうは＿＿＿＿＿＿＿、先に帰りますね。また、あした。
　　B：わかりました。じゃ、またあした。

(3) 行きました
　　A：あの新しいデパート、もう行きましたか。
　　B：ええ、昨日＿＿＿＿＿＿＿、休みだったんですよ。

(4) 冬休み／冬休みの旅行
　　A：もうすぐ＿＿＿＿＿＿＿、旅行したいんですが。
　　B：＿＿＿＿＿＿＿、温泉はどうですか。

(5) あります／昼ご飯
　　A：駅前においしいレストランが＿＿＿＿＿＿＿、いっしょに行きませんか。
　　B：えー、残念だなあ。＿＿＿＿＿＿＿、さっき食べました。

もんだいⅢ 文を読んで答えましょう。

キムさんの相談
　来週は3日間、休みがあります。旅行に行きたいんですが、どこかいいところを知りませんか。近いところでもいいです。教えてください。

＜田中さんの意見＞
　3日間ですか…。京都はどうですか。古くて美しい町を見るのはおもしろいですよ。帰るとき、奈良や、大阪の町を見てから、帰ることもできます。

＜スタットさんの意見＞
　近いところなら、箱根の温泉はどうですか。温泉でのんびりすると気持ちがいいですよ。景色がきれいだし、美術館もあるから、3日間、楽しく遊ぶことができますよ。

＜道子さんの意見＞
　わたしなら、少し遠いけど、沖縄へ行きます。飛行機なら時間もかかりませんよ。海がとてもきれいなので、泳いだり、魚を見たりできます。きっと、いい旅行になると思いますよ。

（1）田中さんは、どうして京都がいいと思っていますか。
　　　_____

（2）スタットさんの話では、箱根で何をすることができますか。
　　　_____

（3）道子さんは沖縄へ行くとき、何で行くといいと言っていますか。
　　　_____

（4）あなたなら、どの意見がいいですか。
　　　_____

もんだいⅣ 文を書きましょう。
（1）あなたの国へ旅行する人におみやげは何がいいか教えてください。
　　　_____なら、_____
（2）あなたはどうして日本へ来ましたか。
　　　_____ので、_____
（3）あなたが今までしたかったことで、できなかったことは何ですか。
　　　_____のに、_____

第2課（練習1）

もんだいⅠ 例を見て書きましょう。

（例）書きます	書けます	（8）借ります	
（1）話します		（9）食べます	
（2）立ちます		（10）見ます	
（3）泳ぎます		（11）着ます	
（4）手伝います		（12）あげます	
（5）働きます		（13）教えます	
（6）座ります		（14）します	
（7）通ります		（15）来ます	

もんだいⅡ 絵を見て答えましょう。

（例1）→○ 　　　（例2）→×

　ケーキ　が　作れます。　　　　パソコン　が　使えません。

（1）→○

_____が_____

（2）→×

_____が_____

（3）→×

_____に_____

（4）→○

_____が_____

（5）→○

_____が_____

（6）→×

_____が_____

もんだいⅢ 例を見て書きましょう。

(例1) 読むことができます → わたしは漢字が ＿＿読めます。＿＿
(例2) 読むことができません → わたしは漢字が ＿＿読めません。＿＿
(1) 出すことができます → 郵便局で荷物が＿＿＿＿＿＿＿＿＿＿
(2) 会うことができます → もうすぐ国の家族に＿＿＿＿＿＿＿＿＿＿
(3) もらうことができます → このパンフレットは＿＿＿＿＿＿＿＿＿＿
(4) 飼うことができません → マンションでペットが＿＿＿＿＿＿＿＿＿＿
(5) 食べることができます → 辛いものが＿＿＿＿＿＿＿＿＿＿
(6) 起きることができません → 朝早く＿＿＿＿＿＿＿＿＿＿
(7) 曲がることができません → その道は右に＿＿＿＿＿＿＿＿＿＿
(8) 直すことができます → 兄は時計やカメラが＿＿＿＿＿＿＿＿＿＿

もんだいⅣ どちらがいいですか。正しい方に○を書きましょう。

(例) A：あそこに高い山が（見られます/⦿見えます⦿）ね。あれが富士山ですよ。
　　B：前に来たときは時間がなくて
　　　（⦿見られませんでした⦿/見えませんでした）から、今日はうれしいです。

(1) A：この部屋はいろいろな音楽が（聞けます/聞こえます）よ。そこのスイッチを押してください。
　　B：あ、本当だ。いいですねえ。
　　A：でも、少し困ることがあります。この部屋は携帯電話の声がよく
　　　（聞けない/聞こえない）ときがあって…。
(2) A：わたしの前に座っている人、体が大きくて、よく（見られない/見えない）わ。
　　B：でも、この映画は人気があるから、立って見る人もいるよ。座って
　　　（見られた/見えた）から、よかったよ。
(3) A：海はいいわね。ほら、波の音が（聞ける/聞こえる）わよ。
　　B：うん、そうだね。遠くに船も（見える/見られる）ね。

第2課（練習2）

もんだいⅠ 正しいものに線を書きましょう。

（例）もうこの映画のチケットを買いましたから、　・———・　映画が見られます。
（1）去年、20歳になりましたから、　・　　　　　　・　たばこが吸えません。
（2）電話番号がわからないので、　　・　　　　　　・　本が借りられません。
（3）日本料理が好きですから、　　　・　　　　　　・　使えません。
（4）このパソコンはこわれていますから、・　　　　・　電話がかけられません。
（5）図書館のカードを忘れたので、　・　　　　　　・　だいたい食べられます。
（6）ここは禁煙ですから、　　　　　・　　　　　　・　お酒が飲めます。

もんだいⅡ 例を見て書きましょう。

（例1）漢字／読みます　　　→　漢字（が）読めます。
（例2）漢字／読みません　　→　漢字（が）読めません。
（1）コンビニ／買いますよ　→　ノートは _____（　　）_____。
（2）豆腐／食べます　　　　→　_____（　　）_____ が、
　　納豆／食べません　　　→　_____（　　）_____。
（3）飛行機／乗りますか　　→　3時の _____（　　）_____。
（4）運転／します　　　　　→　家族全員、車の ____（　　）____。

　　　　　　　　　　　　　　に　で　が　は

もんだいⅢ 文を読んで答えましょう。

ジョン：もしもし、先生、ジョンです。
先　生：あ、ジョンさん。今どこですか。
ジョン：今、東京駅に着きました。
先　生：そうですか。待っていましたよ。ジョンさん、昨日ファックスで①地図を
　　　　おくりましたが、届きましたか。
ジョン：はい、届きました。ありがとうございました。

先　生：ジョンさん、ごめんなさい。わたしは駅へ行けません。会場まで来られますか。
ジョン：はい、この地図を見ていきますから、大丈夫です。
先　生：あっ、ジョンさん、となりにだれかいますか。子どもの声が聞こえますよ。
ジョン：はい、わたしの娘です。妻もいっしょに来ました。
先　生：そうですか。じゃあ、今日はジョンさんの家族にも会えますね。②うれしいですよ。
ジョン：わたしもうれしいです。では、先生、これから行きますね。

（1）先生はどうしてジョンさんに①地図を送りましたか。
　　_____

（2）ジョンさんは、だれと東京に来ましたか。
　　_____

（3）先生はどうして②うれしいですか。
　　_____

もんだいⅣ 文を書きましょう。

（1）あなたができることを2つ教えてください。
　　（「～ができます」は使ってはいけません）
　　　a. わたしは＿＿＿＿＿＿が＿＿＿＿＿＿
　　　b. わたしは＿＿＿＿＿＿が＿＿＿＿＿＿

（2）あなたが日本へ来てから困ったことは何ですか。
　　（例）わたしは漢字が読めなくて困りました。
　　_____。

（3）もしあなたが「～できたら」どうしますか。
　　_____
　　_____
　　_____

第3課（練習1）

もんだいⅠ 例を見て書きましょう。

(例) 書きます	書こう	(8) 見ます	
(1) 歌います		(9) 覚えます	
(2) 働きます		(10) 始めます	
(3) 持ちます		(11) あげます	
(4) 話します		(12) 信じます	
(5) 泳ぎます		(13) 分けます	
(6) 頑張ります		(14) 質問します	
(7) 飲みます		(15) 来ます	

もんだいⅡ 例を見て書きましょう。

(例) A：卒業したらどうしますか。
　　 B：国へ（帰ります→帰ろう）と思います。

(1) A：おなかはまだ痛いですか。
　　 B：はい、これから病院へ（行きます→　　　　）と思います。

(2) A：だれ？　ここに荷物を置いた人は。
　　 B：ごめん、今（片付けます→　　　　）と思っていたんだ。

(3) A：人気の映画だったのに見ていなかったの？
　　 B：うん、あとでビデオを借りて（見ます→　　　　）と思っていたから…。

(4) A：あしたの朝から毎日1kmぐらい（走ります→　　　　）と思う。
　　 B：えーっ。本当に続けられるの？

(5) A：彼女、泣いていたよ。
　　 B：うん、あとで（あやまります→　　　　）と思う。

(6) A：別れた彼をまだ好きなのね。
　　 B：ええ、（忘れます→　　　　）と思っても忘れられなくて…。

(7) A：インターネットで何を調べているの？
　　 B：海外旅行の安いチケットを（探します→　　　　）と思ってね。

もんだいⅢ 文を書きましょう。

(例1) 大学は先生と相談して（決めよう）。
　　　　大学は先生と相談して決めるつもりです。

(例2) 進学が決まるまでは国へ（帰りません）。
　　　　進学が決まるまでは国へ帰らないつもりです。

(1) 来月から友だちと一緒に部屋を（借りよう）。
　　＿＿＿＿＿＿＿＿＿＿＿＿＿＿＿＿＿＿＿＿

(2) 学校は絶対（休みません）。
　　＿＿＿＿＿＿＿＿＿＿＿＿＿＿＿＿＿＿＿＿

(3) 1年間で10kg（やせよう）。
　　＿＿＿＿＿＿＿＿＿＿＿＿＿＿＿＿＿＿＿＿

(4) この机はまだ使えるので、（捨てません）。
　　＿＿＿＿＿＿＿＿＿＿＿＿＿＿＿＿＿＿＿＿

(5) 危ないから、バイクには（乗りません）。
　　＿＿＿＿＿＿＿＿＿＿＿＿＿＿＿＿＿＿＿＿

もんだいⅣ 例を見て書きましょう。

(例) 家を建てるお金は、銀行で 借りる予定です 。
(1) 9月に子どもが＿＿＿＿＿＿＿＿＿＿＿＿＿。
(2) 大学に入学したら寮に＿＿＿＿＿＿＿＿＿＿＿＿＿。
(3) あしたの出張は、朝9時＿＿＿＿＿＿＿＿＿＿＿＿＿。
(4) 専門学校の説明会に＿＿＿＿＿＿＿＿＿＿＿＿＿。
(5) 今日は、お昼から学校へ＿＿＿＿＿＿＿＿＿＿＿＿＿。
(6) A：あそこは、何が＿＿＿＿＿＿＿＿＿＿＿＿＿か。
　　B：とても大きい病院です。
(7) A：来年の6月に、＿＿＿＿＿＿＿＿＿＿＿＿＿。
　　B：えっ、本当ですか。おめでとうございます。

| 借ります | 出発 | 建ちます | 入ります |
| 参加します | 結婚 | 生まれます | 行きます |

第3課（練習2）

もんだいI 例を見て書きましょう。

(例) 来年、家（を）__建てる__つもりです。
(1) 今晩、友だちの部屋（　）_____
(2) 夏休み、富士山（　）_____
(3) 両親に恋人（　）_____
(4) 荷物を船（　）_____
(5) 喫茶店（　）友だちを_____
(6) 自転車（　）学校に_____

```
建てます    紹介します    登ります    送ります
泊まります   通います     待ちます
```

もんだいII 例を見て書きましょう。

(例) A：このエアコン、調子悪いなあ。
　　 B：そうなのよ。新しいのを__買おう__か。
(1) A：のどがかわいたわ。
　　 B：そうだね。お茶でも_____か。
(2) A：この公園、きれいな花がたくさん咲いているわね。
　　 B：よし、あのバラの前で写真を_____。
(3) A：何だか部屋が暗いわね。
　　 B：じゃあ、電気を_____。
(4) A：毎日残業で嫌だわ。
　　 B：だから、今日は早く_____。
(5) A：もう10時ですよ。何時まで寝ているつもりなの？
　　 B：僕も早く_____と思っているけど…。
(6) A：この辺に駐車場、ないね。
　　 B：仕方ない、あの建物の前に_____。

（7） A：疲れたね。
　　　 B：うん、少し＿＿＿＿＿＿＿よ。

もんだいⅢ 文を読んで答えましょう。

　道子さん、お元気ですか。毎日、Eメールを書こうと思っていたし、電話もしようと思っていましたが、忙しくてできませんでした。急に国へ帰ったので、ゆっくり話すことができませんでしたね。ごめんなさい。
　今、父の病気は、だんだんよくなりました。少し安心しました。道子さんもあまり心配しないでください。
　わたしは、父の病気が治ったら、また日本へ行くつもりです。そして、大学院へ入って、勉強を続けようと思います。道子さんとまた会えたら、日本で頑張ることができると思います。応援してくれますか。
　道子さん、少し時間がかかるかもしれませんが、日本で、待っていてください。またメールを書きます。

　　　　　　　　　　　　　　　　　　　　　　　　　　孫　健明

（1）孫さんはどうして中国へ帰りましたか。
　　　＿＿＿＿＿＿＿＿＿＿＿＿＿＿＿＿＿＿＿＿＿＿＿＿＿＿

（2）孫さんはいつ日本へ来るつもりですか。
　　　＿＿＿＿＿＿＿＿＿＿＿＿＿＿＿＿＿＿＿＿＿＿＿＿＿＿

（3）孫さんは日本で何をしようと思っていますか。
　　　＿＿＿＿＿＿＿＿＿＿＿＿＿＿＿＿＿＿＿＿＿＿＿＿＿＿

もんだいⅣ 文を書きましょう。

（1）夏休みになったらどうしますか。
　　　＿＿＿＿＿＿＿＿＿＿＿＿＿＿＿＿＿＿＿＿＿つもりです。

（2）日本語学校が終わったらどうしますか。
　　　＿＿＿＿＿＿＿＿＿＿＿＿＿＿＿＿＿＿＿＿＿思います。

（3）次に国へ帰るとき、だれにどんなおみやげを買いますか。
　　　＿＿＿＿＿＿＿＿＿＿＿＿＿＿＿＿＿＿＿＿＿思っています。

（4）もし100万円あったら、どうしますか。
　　　＿＿＿＿＿＿＿＿＿＿＿＿＿＿＿＿＿＿＿＿＿思います。

第4課（練習1）

もんだいI 例を見て書きましょう。

(例) 終わりました　→　授業が＿＿終わった＿＿ようです。
(1) 出かけました　→　となりの家族は＿＿＿＿＿＿＿ようです。
(2) 帰っていません　→　ワンさんはうちに＿＿＿＿＿＿＿ようです。
(3) 多いです　→　となりのレストランは、
　　　　　　　　　　お客さんが＿＿＿＿＿＿＿ようです。
(4) 好きです　→　カルロスさんは、
　　　　　　　　　　アメリカの映画が＿＿＿＿＿＿＿ようです。
(5) 病気です　→　キムさんは今、＿＿＿＿＿＿＿ようです。

もんだいII 文を書きましょう。

(例) 毎日テレビのニュースを（見ます）。
　　＿毎日テレビのニュースを見るように＿します。
(1) 習ったことは（忘れません）。
　　＿＿＿＿＿＿＿＿＿＿＿＿＿＿＿＿＿＿＿＿＿しよう。
(2) 約束の時間は（守ります）。
　　＿＿＿＿＿＿＿＿＿＿＿＿＿＿＿＿＿＿＿＿＿しよう。
(3) 外国人登録証はいつも（持ちます）。
　　＿＿＿＿＿＿＿＿＿＿＿＿＿＿＿＿＿＿＿＿＿しています。
(4) 嫌なことは（考えません）。
　　＿＿＿＿＿＿＿＿＿＿＿＿＿＿＿＿＿＿＿＿＿します。
(5) この書類は（なくしません）。
　　＿＿＿＿＿＿＿＿＿＿＿＿＿＿＿＿＿＿＿＿＿してください。

もんだいIII 例を見て書きましょう。

(例) 漢字が読めませんでした。　→　漢字が＿読める＿ようになりました。
(1) 子どもは自転車に乗れませんでした。
　　→　子どもは自転車に＿＿＿＿＿＿＿＿＿＿＿＿＿＿＿
(2) 50m泳げませんでした。
　　→　50m＿＿＿＿＿＿＿＿＿＿＿＿＿＿＿＿＿＿＿＿＿

（3）日本語の歌が歌えませんでした。
　　　→　日本語の歌が＿＿＿＿＿＿＿＿＿＿＿＿＿＿＿＿＿＿＿＿＿＿＿
（4）一人で料理ができませんでした。
　　　→　一人で料理が＿＿＿＿＿＿＿＿＿＿＿＿＿＿＿＿＿＿＿＿＿＿＿
（5）コンビニで手紙が出せませんでした。
　　　→　コンビニで手紙が＿＿＿＿＿＿＿＿＿＿＿＿＿＿＿＿＿＿＿＿＿

もんだいⅣ 例を見て書きましょう。

（例）健康のために、_野菜を食べるように_しましょう。
（1）大切な会議ですから、＿＿＿＿＿＿＿＿＿＿＿＿してください。
（2）帰りが遅いときは、母に＿＿＿＿＿＿＿＿＿＿＿＿しています。
（3）疲れたときは、＿＿＿＿＿＿＿＿＿＿＿＿しています。
（4）泳ぐ前には、＿＿＿＿＿＿＿＿＿＿＿＿しましょう。

野菜を食べます　　　電話をかけます　　　時間に遅れません
準備運動をします　　早く寝ます

もんだいⅤ 絵を見て答えましょう。

（例）A：コーヒーでも飲む？
　　　B：そうね、_赤ちゃんも_やっと_寝た_ようだし。
（1）A：隣の教室は今日にぎやかですね。
　　　B：今日はワンさんの誕生日なので、パーティーを
　　　　　＿＿＿＿＿＿＿＿＿＿＿ようです。
（2）A：あの二人は＿＿＿＿＿＿＿＿＿＿＿ようですね。
　　　B：そうですね、いつも一緒ですよね。
（3）A：山田さんの部屋、暗いですね。
　　　B：山田さんは＿＿＿＿＿＿＿＿＿＿＿ようですね。
（4）A：顔が赤いですよ。大丈夫ですか。
　　　B：＿＿＿＿＿＿＿＿＿＿＿ようです。

第4課（練習2）

もんだい I 例を見て書きましょう。

（例） A：最近、お子さんのテストの点がよくなりましたね。
　　　 B：はい、毎晩、＿勉強するように＿なりました。

（1） A：日本の経済をよく知っていますね。
　　　 B：はい、毎日、ニュースを＿＿＿＿＿＿＿＿しています。

（2） A：本当に日本語が＿＿＿＿＿＿＿＿なりましたね。
　　　 B：少し言葉が早くても＿＿＿＿＿＿＿＿なりましたよ。

（3） A：最近、体の調子が＿＿＿＿＿＿＿＿ですね。
　　　 B：はい、よく＿＿＿＿＿＿＿＿なりましたから。
　　　 A：それはよかったですね。
　　　 B：はい、疲れたときもすぐに＿＿＿＿＿＿＿＿しています。
　　　 A：そうですか。

```
勉強します    上手です    わかります    寝ます
いいです      運動します   見ます
```

もんだい II 正しいものに線を書きましょう。

（例）日本語の会話に慣れたので、　　・　　・いつでも使えるようになりました。
（1）この銀行のATMは　　　　　　　・　　・夜10時には寝るようにしています。
（2）部長が休みなので　　　　　　　・　　・早く話せるようになりました。
（3）割れる物が入っているので　　　・　　・落とさないようにしてください。
（4）朝、早い仕事なので　　　　　　・　　・なくさないようにします。
（5）学生証は大切なので、　　　　　・　　・今日の会議は中止のようです。

もんだいⅢ 文を読んで答えましょう。

　日本に来てから3か月が経ちました。学校で一生懸命勉強して、寮に帰ってからもたくさん勉強する（　例　）。先週はたくさん勉強したので、テストの点がとてもよかったです。
　でも、先生の話はわかるのに、テレビで話している日本語は全然わかりません。先生にいろんな質問もできるように（　①　）。
　昨日、「どうしてテストの問題がわかるのに話せる（　②　）か」と上級の友だちに聞きました。友だちは、「もっと声を（　③　）ようにするといいですよ。」と教えてくれました。そして、「日本語を見て、頭の中で読んでも、（　④　）ようになりません。間違えてもいいから、声を出して読んだり、どんどん先生に（　⑤　）。」と言いました。わたしは間違えるのが恥ずかしくて、教室であまり声を出しませんでした。これからは、もっと声を出して勉強しようと思いました。

（1）①〜⑤はどちらがいいですか。正しい方に○を書きましょう。
　　　例（ように(しています)／ようになっています）
　　　①（なりました／なりません）　②（ようにしません／ようになりません）
　　　③（出す／出る）　　　　　　　④（話す／話せる）
　　　⑤（聞くようにしましょう／聞くようになりましょう）

（2）この人はどうして話せるようになりませんでしたか。
　　　a. 先生にどんどん質問するようにしていたから。
　　　b. 教室でたくさん声を出すようにしていたから。
　　　c. 間違えるのが恥ずかしくて、声を出さないようにしていたから。
　　　d. 寮に帰ってからも一生懸命勉強するようにしていたから。

もんだいⅣ 文を書きましょう。

（1）あなたが毎日の生活で気をつけていることは何ですか。
　　　a.＿＿＿＿＿＿＿＿＿＿＿＿＿＿＿＿＿＿＿＿＿＿＿＿ようにしています。
　　　b.＿＿＿＿＿＿＿＿＿＿＿＿＿＿＿＿＿＿＿＿＿＿＿＿ようにしています。

（2）あなたが今までできなかったことで、今はできることは何ですか。
　　　a.＿＿＿＿＿＿＿＿＿＿＿＿＿＿＿＿＿＿＿＿＿＿＿＿ようになりました。
　　　b.＿＿＿＿＿＿＿＿＿＿＿＿＿＿＿＿＿＿＿＿＿＿＿＿ようになりました。

第5課（練習1）

もんだいⅠ 例を見て書きましょう。

(1) 読みます	読め		
(2) 座ります			
(3) 返します			返しなさい
(4) 急ぎます			
(5) 着ます			
(6) 止めます			
(7) 忘れます		忘れるな	
(8) 考えます			
(9) 来ます			
(10) します			

もんだいⅡ 例を見て書きましょう。

(例) A：テストだぞ。隣の人と（話をしないでください）。→ <u>話をするな</u>。
　　　B：はい、先生。すみません。
(1) A：もうだめだ。これ以上走れません。
　　　B：あと少しだぞ。（頑張ってください）。→_____。
　　　A：ちょっと休んでもいいですか。
　　　B：あと1周走るまで、（休まないでください）。→_____。
(2) A：中田、早く（来てください）よ。→_____よ。
　　　B：わかった。今行く。
(3) A：別れた彼女のことを考えるのは（やめてください）。→_____。
　　　B：でも、忘れられなくて…。
(4) （スポーツを見ているとき）
　　　A：いいぞ！（走ってください）→_____。
　　　B：そうだ！（行ってください）→_____。

もんだいIII 例を見て書きましょう。

(例) 禁煙（たばこを吸ってはいけません）
→「きんえん」と読みます。__たばこを吸うな__という意味です。

(1) 駐車禁止（車を止めてはいけません）
→＿＿＿＿＿＿＿と読みます。＿＿＿＿＿＿＿＿という意味です。

(2) 遅刻厳禁（遅れてきてはいけません）
→＿＿＿＿＿＿＿と読みます。＿＿＿＿＿＿＿＿という意味です。

(3) 入室禁止（部屋に入ってはいけません）
→＿＿＿＿＿＿＿と読みます。＿＿＿＿＿＿＿＿という意味です。

(4) 改札口（ここから駅に入ったり、外に出たりします）
→＿＿＿＿＿＿＿と読みます。＿＿＿＿＿＿＿＿という意味です。

(5) 喫煙室（たばこを吸ってもいい部屋です）
→＿＿＿＿＿＿＿と読みます。＿＿＿＿＿＿＿＿という意味です。

(6) 年中無休（1年中、休みがありません）
→＿＿＿＿＿＿＿と読みます。＿＿＿＿＿＿＿＿という意味です。

もんだいIV 例を見て書きましょう。

(例) もう遅いから、（早く帰ります）。　→ __早く帰りなさい__ 。
(1) 作文が終わったら、（見せます）。　→＿＿＿＿＿＿＿＿＿。
(2) お客さんが来るから、（片付けます）。→＿＿＿＿＿＿＿＿＿。
(3) どちらがいいか、（よく考えます）。　→＿＿＿＿＿＿＿＿＿。
(4) あした朝早いから、（そろそろ寝ます）。→＿＿＿＿＿＿＿＿＿。
(5) 試験があるから、（必ず来ます）。　→＿＿＿＿＿＿＿＿＿。

もんだいV 例を見て書きましょう。

(例) 時間に遅れるときは__電話しなさい__。
(1) 毎日家で＿＿＿＿＿＿＿。
(2) レポートを、あした＿＿＿＿＿＿＿。
(3) テストだから、教科書をかばんに＿＿＿＿＿＿＿。
(4) 引越したら、学校に住所を＿＿＿＿＿＿＿。

| 電話します　　しまいます　　出します　　復習します　　教えます |

第5課（練習2）

もんだいⅠ 例を見て書きましょう。

（例） A：時間がないから、早くシュートを＿＿打て＿＿！
　　　 B：はい！

　　　　　　　　┌─────┐
　　　　　　　　│ 打ちます │
　　　　　　　　└─────┘

（1） A：遅くまで起きてないで、早く＿＿＿＿＿＿＿＿よ。
　　　 B：うん、このドラマが終わったら寝るよ。
　　　 A：あしたは朝早いんだから、ちゃんと＿＿＿＿＿＿＿＿よ。
　　　 B：わかってるよ。

　　　　　　┌─────────────┐
　　　　　　│ 起きます　　寝ます │
　　　　　　└─────────────┘

（2） A：よく＿＿＿＿＿＿＿＿、間違っているじゃないか。
　　　 B：あっ、本当だ。すみません。
　　　 A：すぐ＿＿＿＿＿＿＿＿。時間がないから、＿＿＿＿＿＿＿＿。
　　　 B：わかりました。

　　┌─────────────────────────────┐
　　│ 直してください　　見てください　　急いでください │
　　└─────────────────────────────┘

（3） A：わたしは、息子によく言うことがあります。
　　　 B：どんなことですか。
　　　 A：うそを＿＿＿＿＿＿＿＿、約束を＿＿＿＿＿＿＿＿、
　　　　 人の気持ちを＿＿＿＿＿＿＿＿、一生懸命＿＿＿＿＿＿＿＿。
　　　　 この4つですね。

　　　┌─────────────────────────┐
　　　│ 考えてください　　つかないでください　│
　　　│ 頑張ってください　守ってください　　　│
　　　└─────────────────────────┘

もんだいⅡ 文を読んで答えましょう。

手をあげろ！

　わたしの話を聞いてください。本当にこわかったんです。
　昨日、わたしが働いている銀行に変な男の人が一人で入ってきました。でも、忙しかったので、仕事を続けました。
　そのとき、男がわたしの前に来て「手をあげろ」と言いました。わたしは手をあげました。それから、男はみんなに、「動くな」と大きい声で言いました。次に「お金を入れろ」と言って大きいかばんをわたしに投げました。その男はナイフを持っていました。わたしはとてもこわかったので、かばんにお金を入れました。
　男はかばんを持って、「警察に言うな」と言って、逃げました。わたしはびっくりして、声が出ませんでした。今、警察が犯人をさがしています。

（問）〇ですか。×ですか。
（ 〇 ）変な男が銀行に入ってきました。
（　　）どろぼうは一人です。
（　　）「わたし」は銀行のお客さんです。
（　　）どろぼうはナイフを持っていました。
（　　）わたしはみんなに「動くな」と言いました。
（　　）どろぼうはお金の入ったかばんを持って逃げました。
（　　）犯人はすぐに捕まりました。

もんだいⅢ 文を書きましょう。
（1）子どもの頃、両親はわたしに_____と言いました。
（2）わたしの先生はいつも_____と言います。
（3）わたしの友だちはいつも_____と言います。
（4）わたしの_____は_____と言いました。
（5）_____はよく_____と言います。

復習テスト（1）

得点　　　／100

I （　）に言葉を入れて正しい文にしましょう。　　　　（1点）

例：来週、この学校（ で ）パーティー（ が ）あります。
1. この部屋から富士山（　　）見えます。
2. サッカーなら、ブラジル（　　）強いです。
3. わたしはデザインの専門学校（　　）入りたいです。
4. 昨日、代々木体育館（　　）バスケットの試合（　　）見ました。
5. わたしは山田先生（　　）旅行（　　）行きます。

　　　　　　で　　が　　は　　に　　を　　の　　と

II 正しい方に○を書きましょう。　　　　（2点）

例：友だちの誕生日（なので／ので）プレゼントを買いに行きます。
1. 今週テストがある（なのに／のに）ぜんぜん勉強できませんでした。
2. 料理（なら／なのに）道子さんが上手です。
3. この店は安い（ので／のに）大変おいしいです。
4. あの女の人（なので／なら）もう結婚していますよ。
5. 寒い（ので／なので）たくさん着たほうがいいですよ。
6. 田中さんの子どもは、3さい（のに／なのに）とても字が上手です。
7. あ〜、この映画（なのに／なら）この前見ましたよ。
8. ワインの勉強をしたい（なので／ので）レストランでアルバイトします。

III 正しい言葉を選んで、形を変えて _____ に書きましょう。　（2点）

例：あした、フランス料理のお店に 　行く　 つもりです。
　　　　　　　　　　　　　　　　　　行こう　 と思います。
　　　　　　　　　　　　　　　　　　行く　　 予定です。

26

1. 学費は両親から＿＿＿＿＿つもりです。
2. 来年の4月にこのアパートから＿＿＿＿＿予定です。
3. たばこは体に悪いので＿＿＿＿＿つもりです。
4. 部屋がきたないので＿＿＿＿＿と思います。
5. 勉強したいので今日のパーティーには＿＿＿＿＿つもりです。
6. 週末に友だちと映画を＿＿＿＿＿と思います。
7. 結婚したら広い家を＿＿＿＿＿予定です。
8. 夏までに5 kgは＿＿＿＿＿と思います。
9. 去年は国に帰りましたが、今年は＿＿＿＿＿つもりです。
10. 大学生の内に、車の免許を＿＿＿＿＿予定です。

行きます　　やせます　　帰りません　　もらいます　　やめます　　見ます
掃除します　建てます　　取ります　　　行きません　　引越します

IV 文を書きましょう。　　　　　　　　　　　　　　　　　　　（3点）

例：警察　→　「そこで止まってください」　→　わたし
　　警察はわたしに「そこで止まれ」と言いました。

1. 先生　→　「この言葉を覚えてください」　→　学生
　　_____

2. わたし　→　「頑張ってください」　→　友だち
　　_____

3. 部長　→　「お茶をだしてください」　→　わたし
　　_____

4. 友だち　→　「だれにも言わないでください」　→　わたし
　　_____

5. 父　→　「好き嫌いをしないでください」　→　わたし
　　_____

6. 店長　→　「もっと早くしてください」　→　店員
　　_____

7. わたし　→　「もっと早く来てください」　→　彼女
　　_____

V 正しいものを選んで、＿＿に a. b. c. d. を書きましょう。　（2点）

例：もう少し歩くと、わたしの家が＿a＿。
　　a. 見えます　　b. 見ます　　c. 見られます　　d. 見たいです

1. となりの部屋から子どもの声が＿＿＿＿。
　　a. 聞けます　　b. 聞きます　　c. 聞く　　d. 聞こえます

2. 前売券だったら、映画が安く＿＿＿＿。
　　a. 見えます　　b. 見られます　　c. 見たいです　　d. 見ます

3. 静かにしてください！話がぜんぜん＿＿＿＿。
　　a. 聞こえません　　b. 聞きません　　c. 聞きたいです　　d. 聞かないです

4. CDの音がよく＿＿＿＿ので、もっとボリュームを大きくしてください。
　　a. 聞けません　　b. 聞きません　　c. 聞きたい　　d. 聞こえません

VI 正しいものを選んで、形を換えて＿＿＿＿に書きましょう。　（2点）

例：鈴木さん：あしたは休みだし、映画を＿見よう＿か。
　　中田さん：そうだね。おもしろい映画がたくさんあるからね。

　　　　　　　| 見ます |

1. リーさん　：もしもし。今日ひま？
　　ビルさん　：え、今から買物に＿＿＿＿＿＿＿と思ってるんだけど…。
　　リーさん　：そうか、一緒に＿＿＿＿＿＿＿と思ったけど、また今度ね。
　　ビルさん　：うん、ごめんね。

　　　　　　　| 行きます　遊びます |

2. 中村さん　：それは何ですか。
　　小野さん　：これは水着。医者が「運動不足だ」って言うから、今週から家の
　　　　　　　　近くのプールで＿＿＿＿＿＿＿と思って。
　　中村さん　：そうですか。僕も何か＿＿＿＿＿＿＿かな。
　　小野さん　：一緒に＿＿＿＿＿＿＿よ。

　　　　　　　| 始めます　頑張ります　泳ぎます |

3. スタットさん：寒いねー。
   今井さん：エアコンを＿＿＿＿＿＿＿か。
   スタットさん：ありがとう。
   今井さん：もう12月だからね。朝は寒くてなかなか起きられないよ。
   スタットさん：わたしもです。
   今井さん：そうだ、去年は行けなかったから、今年は絶対に
   　　　　　スキーに＿＿＿＿＿＿＿よ。
   スタットさん：そうだね。温泉を予約して、1日楽しもう。
   今井さん：そう＿＿＿＿＿＿＿。

   | つけます　　します　　行きます |

4. 先生：キムさん、最近、質問に答えるのがとても早くなりましたね。
   キムさん：そうですか。今がんばって勉強しています。韓国の友だちと話す
   　　　　　ときも、日本語で＿＿＿＿＿＿ようにしています。
   先生：えらいですね。
   キムさん：先生の話もほとんど＿＿＿＿＿＿ようになりました。
   先生：その調子で毎日＿＿＿＿＿＿ようにしてくださいね。

   | 続けます　　話します　　わかります |

5. 母親：早くお風呂に＿＿＿＿＿＿なさい！
   子ども：ちょっと待って。このドラマが＿＿＿＿＿＿から…。
   母親：入らないなら、宿題を＿＿＿＿＿＿なさい。
   子ども：…お風呂に入るよ。

   | 入ります　　します　　終わります |

第6課（練習1）

もんだいI 絵を見て答えましょう。

（例）　　　（1）　　　（2）　　　（3）

（例）ちょっと＿＿銀行へ行ってきます＿＿。
（1）＿＿＿＿＿＿＿＿＿＿＿＿＿＿＿＿＿＿＿＿＿＿＿＿＿＿
（2）ちょっと＿＿＿＿＿＿＿＿＿＿＿＿＿＿＿＿＿＿＿＿＿＿
（3）問題がわからないので＿＿＿＿＿＿＿＿＿＿＿＿＿＿＿

もんだいII 絵を見て答えましょう。

（例1）　　　（例2）　　　（1）　　　（2）

（例1）アメリカへ行く前に、＿英会話の勉強をしていきます＿。
（例2）雨が降っているので、学校へ＿バスで行きます＿＿＿＿。
（1）デートの前に＿＿＿＿＿＿＿＿＿＿＿＿＿＿＿＿＿＿＿。
（2）遅刻するので、＿＿＿＿＿＿＿＿＿＿＿＿＿＿＿＿＿＿。

もんだいIII 文を書きましょう。

（例）ここへ来ます／銀行でお金をおろします・きてください
　　　→　ここへ来るとき、銀行でお金をおろしてきてください　。
（1）家へ帰ります／ビールを買います・きてください
　　　→＿＿＿＿＿＿＿＿＿＿＿＿＿＿＿＿＿＿＿＿＿＿＿＿。
（2）ここへ来ます／本屋に寄ります・きました
　　　→＿＿＿＿＿＿＿＿＿＿＿＿＿＿＿＿＿＿＿＿＿＿＿＿。

もんだいIV 例を見て書きましょう。

（例）雨が降っているので、（バスに乗ります・いきます）
→ 雨が降っているので、_バスに乗っていきます_。

（1）遅刻するので、（走ります・いきます）
→ 遅刻するので、_____。

（2）散歩するとき、（帽子をかぶります・いきます）
→ 散歩するとき、_____。

（3）時間がないから、（急ぎます・いきます）
→ 時間がないから、_____。

もんだいV 文を書きましょう。

（例）子どもの頃から英語を（勉強します・きました）
→ 子どもの頃から英語を_勉強してきました_。

（1）このカバンは古くても好きなので、10年間（使います・きました）
→ _____。

（2）野球はわたしの趣味なので、子どものときからずっと（続けます・きました）
→ _____。

もんだいVI 例を見て書きましょう。

（例）（おなかが痛くなります・きた）

A：どうしたの。

B：だんだん_おなかが痛くなってきました_。

（1）（降ります・きましたよ）

A：なんだか寒いと思ったら雪が_____。

B：あっ、本当だ。

（2）（治ります・きました）

A：足のけがはどうですか。

B：ありがとう、だいぶ_____。

（3）（ねむくなります・きた）

A：だんだん_____。

B：わたしも。この部屋はあたたかいし、おなかもいっぱいだし…。

第6課（練習2）

もんだいⅠ 例を見て書きましょう。

（例）銀行（　）[行きます／きます] → 銀行へ行ってきます。

（1）タクシー（　）[呼びます／きます]
　　→ _____

（2）図書館（　）本（　）[借ります／きます]
　　→ _____

（3）交番（　）道（　）[聞きます／きます]
　　→ _____

もんだいⅡ 例を見て書きましょう。

（例1）友だちに借りたCDをうちから学校へ 持ってきました 。
（例2）電車の中で、本を 読んできました 。
（1）頭が痛かったので、薬を_____。
（2）友だちの誕生日なので、プレゼントを_____。
（3）きょうは試験があるので、うちで_____。
（4）バスの中で、音楽を_____。
（5）ここへ来るとき、新幹線の中で、サンドイッチを_____。

```
持ちます　読みます　食べます　飲みます
聞きます　買います　復習します
```

もんだいⅢ 例を見て書きましょう。

（例）これからも、今の仕事を 続けていく つもりです。
（1）大学でも、日本語を_____つもりです。
（2）ずっと日本の歴史を_____うとおもいます。
（3）これからも、サッカーの練習を_____たいです。

```
続けます・いきます　　勉強します・いきます
研究します・いきます　がんばります・いきます
```

もんだいIV 文を読んで答えましょう。

父の国

わたしの名前は木村ソニアです。父は日本人で、母はフランス人です。日本で生まれましたが、2歳のときから17年間、フランスで暮らしてきました。

父の国、日本を見たかったので、去年日本へ来ました。日本へ来る前に、日本語を勉強してきましたが、とても難しかったです。ひらがな、カタカナ、簡単な日本語の会話はできますが、漢字はなかなか覚えられません。

わたしは今、日本人の先生に日本語を習っています。学校へ行く前に、宿題をしていきます。それから、電車の中で、日本語のCDを聞いていきます。先生は、日本や日本人のことがわかってくると、もっと楽しいですよ、と教えてくれました。

わたしはもっと日本のいろいろなことをたくさん知りたいと思います。日本はわたしが大好きな父の国ですから。

（1）ソニアさんはどうして日本へ来ましたか。
　　_____
（2）ソニアさんはフランスで日本語を勉強してきましたか。
　　_____
（3）ソニアさんは漢字が得意ですか。
　　_____
（4）ソニアさんは自分でどんな勉強をしますか。
　　_____

もんだいV 文を書きましょう。

（1）あなたは学校へ行く前に何をしていきますか。
　　_____
（2）あなたが日本へ来る前にしてきたことは何ですか。
　　_____
（3）あなたはこれから何を続けていくつもりですか。
　　_____

第7課（練習1）

もんだいⅠ 文を書きましょう。

（例）この参考書で勉強します。
　　　a. この参考書で勉強してみてください　　　。
　　　b. この参考書で勉強してみます　　　。

（1）進学のことを先生に相談します。
　　　a. ＿＿＿＿＿＿＿＿＿＿＿＿＿＿＿＿＿＿＿。
　　　b. ＿＿＿＿＿＿＿＿＿＿＿＿＿＿＿＿＿＿＿。

（2）このCDを聞きます。
　　　a. ＿＿＿＿＿＿＿＿＿＿＿＿＿＿＿＿＿＿＿。
　　　b. ＿＿＿＿＿＿＿＿＿＿＿＿＿＿＿＿＿＿＿。

もんだいⅡ 文を書きましょう。

（例）韓国の映画を見ます。
　　　a. 韓国の映画を見てみたいです　　　。
　　　b. 韓国の映画を見てみようと思います　　　。

（1）茶道を習います。
　　　a. ＿＿＿＿＿＿＿＿＿＿＿＿＿＿＿＿＿＿＿。
　　　b. ＿＿＿＿＿＿＿＿＿＿＿＿＿＿＿＿＿＿＿。

（2）夏休みにオーストラリアへ旅行します。
　　　a. ＿＿＿＿＿＿＿＿＿＿＿＿＿＿＿＿＿＿＿。
　　　b. ＿＿＿＿＿＿＿＿＿＿＿＿＿＿＿＿＿＿＿。

もんだいⅢ 例を見て書きましょう。

（例）（調べます）
　　　留学するんだったら、いろいろ　調べてみたらどうですか　。
（1）（行きます）
　　　体のことが心配だったら、病院へ＿＿＿＿＿＿＿＿＿＿＿＿。
（2）（出ます）
　　　君はサッカーが上手だから、試合に＿＿＿＿＿＿＿＿＿＿＿。
（3）（切ります）
　　　短い髪も似合うと思うから、＿＿＿＿＿＿＿＿＿＿＿＿＿＿。

もんだいⅣ 例を見て書きましょう。

（例）お菓子を全部（食べました）→ お菓子を全部食べてしまいました。

（1）このビデオはもう（見ました）→＿＿＿＿＿＿＿＿＿＿＿＿＿＿＿＿＿＿

（2）宿題の作文はさっき（書きました）→＿＿＿＿＿＿＿＿＿＿＿＿＿＿＿＿＿

（3）キムさんはもう（帰りました）→＿＿＿＿＿＿＿＿＿＿＿＿＿＿＿＿＿＿

（4）昨日の本は図書館へ（返しました）→＿＿＿＿＿＿＿＿＿＿＿＿＿＿＿＿

もんだいⅤ 文を書きましょう。

（例）今晩、友だちが来ます／ビールを買います
　　　今晩、友だちが来るのでビールを買っておきます。

（1）来月、友だちと旅行します／ホテルを予約します

＿＿＿＿＿＿＿＿＿＿＿＿＿＿＿＿＿＿＿＿＿＿＿＿＿＿＿＿＿＿＿

（2）来週、試験があります／復習します

＿＿＿＿＿＿＿＿＿＿＿＿＿＿＿＿＿＿＿＿＿＿＿＿＿＿＿＿＿＿＿

（3）わたしの家でパーティーがあります／料理を作ります

＿＿＿＿＿＿＿＿＿＿＿＿＿＿＿＿＿＿＿＿＿＿＿＿＿＿＿＿＿＿＿

（4）冷たいジュースを飲みたいです／冷蔵庫に入れます

＿＿＿＿＿＿＿＿＿＿＿＿＿＿＿＿＿＿＿＿＿＿＿＿＿＿＿＿＿＿＿

もんだいⅥ どれがいいですか、正しいものに○を書きましょう。

（例）すいません、ワンさんに借りたかばんを
　　　(汚してしまいました。／汚してみたかったです。／汚しておきました。)

（1）宿題はもう

　　（終わっておきました。／終わってしまいました。／終わってみました。）

（2）今度、先生の奥さんに

　　（会っておきたいです。／会ってしまいたいです。／会ってみたいです。）

（3）このケーキは妹に

　　（残しておきます。／残してしまいます。／残してみます。）

（4）悪い歯を（治しておかないと／治してみないと／治してしまうと）

　　留学してから困りますよ。

第7課（練習2）

もんだいⅠ 「〜てみます」「〜ておきます」「〜てしまいます」を使って書きましょう。

(例) A：この服、すてきですね。
　　　B：お客様、どうぞ　着てみてください　。

(1) A：これは新しいビールです。＿＿＿＿＿＿＿＿＿＿＿＿＿＿＿。
　　　B：うん、これはおいしい。

(2) A：汚いですね。この教室は午後から使いますよ。
　　　B：すみません、先生。＿＿＿＿＿＿＿＿＿＿＿＿＿＿＿。

(3) A：給料をもらったばかりなのに、もうないのか。
　　　B：うん、ほとんど＿＿＿＿＿＿＿＿＿＿＿＿＿よ。

(4) A：今から＿＿＿＿＿＿＿＿＿＿＿＿＿と、受験に間に合いませんよ。
　　　B：ちゃんと＿＿＿＿＿＿＿。心配しないでください。

もんだいⅡ 「〜てみます」「〜ておきます」「〜てしまいます」を使って書きましょう。

A：ああ、どうしよう。困ったなあ。
B：どうしたの？
A：財布を　(例)　落としてしまった　んだ。
B：えー、大変。交番に行って＿＿＿＿＿＿＿＿＿どう？
A：うん、でも確かに、このカバンに＿＿＿＿＿＿＿＿＿のに…。
B：ねえ、もう一度よく＿＿＿＿＿＿＿＿＿よ。
A：何度探しても同じだよ。
B：大切なものはちゃんと＿＿＿＿＿＿＿＿＿だめよ。
　　早く交番へ行きましょう。

| 落とします　探します　聞きます |
| 入れます　しまいます |

もんだいⅢ 文を読んで答えましょう。

＜ビルさん＞
　僕は、何かやってみたいことがあったら、すぐにやってみるタイプです。
他の人が「それは難しいですよ」と言っていることでも、まず、自分でやってみます。やってみて、失敗してしまうことも多いです。でも、チャンスがあったら、すぐにやってみたほうがいいと思います。

＜リーさん＞
　僕は、何かやってみたいことがあっても、はじめによく考えるタイプです。
「これをしても、大丈夫か」と考えます。そして、他の人にもよく意見を聞いてみます。自分でもいろいろ調べてみます。その後で、「本当にこれをやってみたい」と思ったら、チャレンジするようにしています。

（問）○ですか。×ですか。
（　　）ビルさんは、初めによく考えてからチャレンジします。
（　　）リーさんはやってみたいことがあったら、よく調べます。
（　　）ビルさんはすぐにチャレンジして、失敗することもあります。
（　　）リーさんはやってみたいことがあっても、すぐにしません。

もんだいⅣ 文を書きましょう。
（1）あなたが日本へ来る前に「しておいたこと」は何ですか。
　　_____
（2）将来あなたが「してみたいこと」は何ですか。
　　a. _____
　　b. _____
（3）あなたが「してしまった」失敗を書きましょう。
　　_____
　　_____
　　_____

第8課（練習1）

もんだいⅠ 例を見て書きましょう。

（例）書きます	書けば	書かなければ
（1）騒ぎます		
（2）手伝います		
（3）入れます		
（4）見せます		
（5）します		
（6）来ます		
（7）やさしいです		
（8）暑いです		
（9）いいです		

もんだいⅡ 文を書きましょう。

（例1）走ります／電車に間に合います → ＿走れば、電車に間に合います＿。
（例2）走りません／電車に間に合いません → ＿走らなければ、電車に間に合いません。＿

（1）お金があります／旅行したいです
＿＿＿＿＿＿＿＿＿＿＿＿＿＿＿＿＿＿＿＿＿＿＿＿＿＿＿＿

（2）あやまります／きっと許してくれます
＿＿＿＿＿＿＿＿＿＿＿＿＿＿＿＿＿＿＿＿＿＿＿＿＿＿＿＿

（3）問題がわかりません／先生に聞きましょう
＿＿＿＿＿＿＿＿＿＿＿＿＿＿＿＿＿＿＿＿＿＿＿＿＿＿＿＿

（4）暑いです／窓を開けてください
＿＿＿＿＿＿＿＿＿＿＿＿＿＿＿＿＿＿＿＿＿＿＿＿＿＿＿＿

（5）体の調子がよくないです／休んでください
＿＿＿＿＿＿＿＿＿＿＿＿＿＿＿＿＿＿＿＿＿＿＿＿＿＿＿＿

もんだいⅢ 例を見て書きましょう。

（例）暗いです → 暗ければ暗いほど、星がよく見えます。

（1）読みます → この本は＿＿＿＿＿＿＿＿＿＿、おもしろくなります。

（2）練習します → 水泳は＿＿＿＿＿＿＿＿＿＿、上手になります。

（3）会います → 彼女に＿＿＿＿＿＿＿＿＿＿、好きになります。

（4）広いです → アパートの部屋は＿＿＿＿＿＿＿＿＿＿、いいです。

（5）高いです → 給料は＿＿＿＿＿＿＿＿＿＿、うれしいです。

もんだいⅣ 文を書きましょう。

（例1）時間があります／手伝ってくれませんか

→ 時間があるなら、手伝ってくれませんか。

（例2）この店に売っていません／違う店に行きましょう

→ この店に売っていないなら、違う店に行きましょう。

（1）友だちと住みます／引越したほうがいいでしょう

＿＿＿＿＿＿＿＿＿＿＿＿＿＿＿＿＿＿＿＿＿＿＿＿＿＿

（2）このツアーに参加しません／わたしに連絡してください

＿＿＿＿＿＿＿＿＿＿＿＿＿＿＿＿＿＿＿＿＿＿＿＿＿＿

（3）熱があります／病院へ行きましょう

＿＿＿＿＿＿＿＿＿＿＿＿＿＿＿＿＿＿＿＿＿＿＿＿＿＿

（4）肉料理が嫌いです／魚料理にしましょうか

＿＿＿＿＿＿＿＿＿＿＿＿＿＿＿＿＿＿＿＿＿＿＿＿＿＿

（5）シンガポールに行きたいです／リーさんに聞くといいですよ

＿＿＿＿＿＿＿＿＿＿＿＿＿＿＿＿＿＿＿＿＿＿＿＿＿＿

（6）今日ひまではありません／買物は日曜日に行きませんか

＿＿＿＿＿＿＿＿＿＿＿＿＿＿＿＿＿＿＿＿＿＿＿＿＿＿

もんだいⅤ 「～ば」か「～なら」を使って書きましょう。

（例）春になります／桜が咲きます → 春になれば、桜が咲きます。

（1）外へ行きます／帽子をかぶっていってください

＿＿＿＿＿＿＿＿＿＿＿＿＿＿＿＿＿＿＿＿＿＿＿＿＿＿

（2）2000を5で割ります／400になります

＿＿＿＿＿＿＿＿＿＿＿＿＿＿＿＿＿＿＿＿＿＿＿＿＿＿

第8課（練習2）

もんだいⅠ 正しいものに線を書いて、＿＿に文を書きましょう。

（例）秋になります ・――――――・ 紅葉を見ることができます
（1）4月になります・ ・みんな笑います
（2）おもしろいです・ ・授業が終わります
（3）5時になります・ ・あたたかくなります
（4）薬を飲みません・ ・風邪が治りません

↓

（例） 秋になれば、紅葉を見ることができます　　　　　。
（1）＿＿＿＿＿＿＿＿＿＿＿＿＿＿＿＿＿＿＿＿＿＿＿。
（2）＿＿＿＿＿＿＿＿＿＿＿＿＿＿＿＿＿＿＿＿＿＿＿。
（3）＿＿＿＿＿＿＿＿＿＿＿＿＿＿＿＿＿＿＿＿＿＿＿。
（4）＿＿＿＿＿＿＿＿＿＿＿＿＿＿＿＿＿＿＿＿＿＿＿。

もんだいⅡ 例を見て書きましょう。

（例）A：お願いがあるんだ、1万円貸してくれない？
　　　B：ごめん、お金が（ あれば ）貸してあげたいけど、僕も給料日前だから…。
（1）A：この料理、苦手なんだよ。
　　　B：えーっ、おいしいのになあ。一度（　　　　　）きっと好きになるよ。
（2）A：今度カラオケに行こうよ。
　　　B：うーん、歌はちょっと…。
　　　A：どうしても（　　　　　）仕方ないけど…。
（3）A：両親は、わたしがいなくて毎日さびしいと思います…。
　　　B：そうですか…。でも、子どもが（　　　　　）親もしあわせなんですよ。心配しなくても大丈夫。

もんだいⅢ 文を読んで答えましょう。

> ちりも積もれば　山となる
>
> 　これはことわざです。
> 　「ちり」はとても小さいごみです。「積もる」は、ものを少しずつ置いて、それがだんだん高くなることです。例えば、雪がたくさん降ると、地面に雪が残りますね。そして、白い雪がだんだん高くなります。これを「雪が積もる」と言います。
> 　このことわざは、とても小さい「ちり」でも、少しずつ集めると、山のように大きくなる、ということです。小さいもの、小さいことでも、それが集まれば、大きいものになる、という意味で、使います。
> 　みなさんの国にも、同じ意味のことわざがありますか。あれば、教えてください。

（１）「ちり」はなんですか。
　　　_____

（２）このことわざはどんな意味ですか。
　　　_____

（３）みなさんの国にも、同じ意味のことわざがありますか。あれば、教えてください。なければ、何か他のことわざを紹介してください。
　　　ことわざ「　　　　　　　　　　　」
　　　意味_____

もんだいⅣ 文を書きましょう。

（１）どうすれば、世界が平和になると思いますか。
　　　_____

（２）どうすれば、交通事故がなくなると思いますか。
　　　_____

（３）あなたの故郷を旅行する日本人に紹介したいことを教えてください。
　　　_____なら、_____

第9課（練習1）

もんだいI 文を書きましょう。

（例）このいすはこわれます。　→　　このいすはこわれそうです。
(1) 机から本が落ちます。
_____
(2) 服のボタンが取れます。
_____
(3) 今日も暑くなります。
_____
(4) 道が混んでいないので早く着きます。
_____

もんだいII 絵を見て答えましょう。

（例）　　　　(1)　　　　(2)　　　　(3)

（例）この問題は　難しそうです　。
(1) 子どもは雨が降っても_____。
(2) ワンさんは、とても_____です。
(3) 彼はいつも_____ですね。

もんだいIII 文を書きましょう。

（例1）このレストランは（高い）。　→このレストランは高そうです。
（例2）このレストランは（高くない）。　→このレストランは高くなさそうです。
(1) 彼は頭が（いい）ね。
_____
(2) 彼女のお父さんは（こわい）。
_____

（3）この映画は（おもしろくない）よ。
　　　_____

（4）あしたのテストは（簡単だ）。
　　　_____

（5）彼は動物が（好きではない）。
　　　_____

もんだいⅣ 文を書きましょう。

（例1）頑張って働いています（家族）
　→ 家族のために、頑張って働いています。

（例2）英会話を習っています（アメリカを旅行します）
　→ アメリカを旅行するために、英会話を習っています。

（1）レストランを予約します（デート）
　　　_____

（2）歴史を勉強します（昔のことを知ります）
　　　_____

（3）一週間入院することになりました（手術）
　　　_____

（4）カラオケに行きます（日本の歌を覚えます）
　　　_____

もんだいⅤ 例を見て書きましょう。

（例）お酒をたくさん __飲みすぎて__ 、気持ちが悪いです。

（1）昨日のテストは_____、答えられませんでした。

（2）この部屋は_____、ベッドが置けません。

（3）ご飯を_____、おなかが痛くなりました。

（4）テニスの練習を_____、うでが痛いです。

　　　　　┌─────────────────────────────────┐
　　　　　│ 飲みます・食べます・狭いです・します・難しいです │
　　　　　└─────────────────────────────────┘

第9課（練習2）

もんだいI 文を書きましょう。

（例1）辛いです／料理です　→　辛そうな料理です。
（例2）便利です／道具です　→　便利そうな道具です。

（1）優しいです／お母さんですね。
　　_____

（2）値段が高いです／かばんですね。
　　_____

（3）彼はまじめです／人です。
　　_____

（4）彼女は大学に合格したので、うれしいです／声で、わたしに電話しました。
　　_____

（5）子どもは心配です／顔で、見ています。
　　_____

もんだいII 例を見て書きましょう。

（例）大学に＿＿入るために＿＿、勉強しています。
（1）＿＿＿＿＿＿＿＿＿＿＿＿＿、電車が遅れています。
（2）携帯電話を＿＿＿＿＿＿＿＿＿＿＿、連絡できませんでした。
（3）A：どうして少ししか食べないの？
　　 B：＿＿＿＿＿＿＿＿＿＿＿、ダイエットしているのよ。
（4）A：どうして国へ帰るの？
　　 B：父の仕事を＿＿＿＿＿＿＿＿＿、帰らなければならないんだ。

```
入ります      健康      事故
手伝います    なくしてしまいました
```

もんだいⅢ 絵を見て答えましょう。

（問1）

ワン：あ、あれを見てください。おもしろそうですね。
道子：え、あれですか。うーん、ちょっとこわそうだなあ。
ワン：そうですか。あの映画は有名なのに…。
道子：これのほうがよさそうですよ。話がおもしろそうだし、人気もありそうだし。
ワン：じゃ、今日はこれを見ましょうか。
道子：ええ。

(A)

(B)

（1）ワンさんと道子さんは、(A) と (B) とどちらの映画を見ますか。

　　_____

（2）どうしてその映画を見ますか。

　　_____。

（問2）

カルロス：わあ、どれもおいしそうだね。
パ　ク：本当だね。あ、あれはどう？　あのイチゴのケーキ。
カルロス：うん、おいしそう。でも、あのチョコレートのケーキもよさそうだよ。
パ　ク：どれ？　ああ、あれね。でも、すごく甘そう。
カルロス：じゃあ、あのまるいケーキにしようか。あれなら、あまり甘くなさそうだから。
パ　ク：そうしよう。

(A)
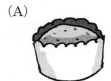

(B)
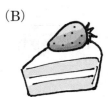

(C)

（1）カルロスさんとパクさんは (A) ～ (C) のどのケーキを選びましたか。

　　_____

（2）どうしてそのケーキを選びましたか。

　　_____。

第10課（練習1）

もんだいI 例を見て書きましょう。

(例) 言います	言われます	(8) 出します	
(1) 割ります		(9) 閉めます	
(2) 休みます		(10) 寝ます	
(3) 立ちます		(11) 変えます	
(4) 喜びます		(12) 決めます	
(5) 頼みます		(13) 届けます	
(6) 引っ張ります		(14) 来ます	
(7) 書きます		(15) します	

もんだいII 文を書きましょう。

(例) 社長がわたしを呼びました。 → ___わたしは社長に呼ばれました。___

(1) みんながわたしを笑いました。
　_____

(2) 友だちがわたしを助けました。
　_____

(3) 先生がわたしをしかりました。
　_____

(4) 警察官が運転手を注意しました。
　_____

もんだいIII 文を書きましょう。

(例) 彼がわたしに電話番号を聞きました。
　→ ___わたしは彼に電話番号を聞かれました。___

(1) 母がわたしに買物を頼みました。
　_____

(2) 木村さんが彼女に結婚を申し込みました。
　_____

（3）部長が山田さんに仕事を頼みました。
_____

（4）ワンさんがわたしにお礼を言いました。
_____

もんだいⅣ 文を書きましょう。

（例）友だちがわたしの手紙を読みました。
→ わたしは友だちに手紙を読まれました。

（1）弟がわたしのパソコンをこわしました。
_____

（2）先輩がわたしの名前を呼びました。
_____

（3）子どもがわたしの書類をやぶりました。
_____

（4）友だちがわたしの電子辞書をなくしました。
_____

（5）馬がわたしの足をけりました。
_____

もんだいⅤ 例を見て書きましょう。

（例）雨が降りました。　　　→　雨に降られました。
（1）社員がやめました。　　→　_____
（2）泥棒が入りました。　　→　_____
（3）大きい犬が吠えました。→　_____
（4）犯人が逃げました。　　→　_____
（5）隣の人が押しました。　→　_____
（6）先生が質問しました。　→　_____
（7）客が来ました。　　　　→　_____
（8）赤ちゃんが泣きました。→　_____

第10課（練習2）

もんだいI 例を見て書きましょう。

（例） A: うれしそうね。
　　　B: 昨日、彼に＿＿プロポーズされた＿＿のよ。

（1） A: どうして泣いているの？
　　　B: さっき お母さんに＿＿＿＿＿＿＿＿んだ。

（2） A: 来週、国からお客さんが来るので、通訳を＿＿＿＿＿＿＿んだよ。
　　　B: そう。がんばってね。

（3） A: 毎朝、電車がこんでいるので大変です。
　　　B: そうですね。前からも、後ろからも、＿＿＿＿＿＿＿からね。

（4） A: うれしそうですね。
　　　B: ええ、今日はじめて先生に作文を＿＿＿＿＿＿＿ました。
　　　A: よかったですね。

```
プロポーズします    ほめます    頼みます
しかります         押します
```

もんだいII 文を書きましょう。

（例）兄は弟のおもちゃを取りました。
　→＿弟は兄におもちゃを取られて＿、泣きました。

（1）友だちはわたしの大切なカメラをこわしました。
　→＿＿＿＿＿＿＿＿＿＿＿＿＿＿＿＿＿、困りました。

（2）みんなはリーさんを見送りました。
　→＿＿＿＿＿＿＿＿＿＿＿＿＿＿＿＿＿、国へ帰りました。

（3）ビルさんはスタットさんを急に呼びました。
　→＿＿＿＿＿＿＿＿＿＿＿＿＿＿＿＿＿、びっくりしていました。

もんだいⅢ 文を読んで答えましょう。

記者：自分の名前が（①呼ばれた）ときはどんな気持ちでしたか。
歌手：本当に（②信じられません）でした。今も、あのときの気持ちが（③忘れられません）。
記者：自分で応募したのですか。
歌手：はい。テレビで新人歌手を選ぶテストがあることを知って、チャンスだと思って写真と録音テープを送りました。手紙もいれておきました。
記者：会場で緊張しましたか。
歌手：はい。客席にたくさんお客さんがいたので、とても緊張してしまいました。
記者：歌が終わって、自分が（④選ばれる）と思いましたか。
歌手：信じるしかありませんでしたから、きっとわたしが選ばれると思いました。
記者：夢がかないましたね。とても幸せそうですね。
歌手：本当に幸せです。大好きな歌を皆さんの前で歌えるようになりました。
記者：どんな歌手になりたいですか。
歌手：（⑤いろんな年齢の人がわたしを愛する）ような歌手になりたいです。応援してくださいね。
記者：がんばってください。
歌手：はい。がんばります。

（1）①～④はどちらの形ですか。
　　　①（受身／可能）　②（受身／可能）　③（受身／可能）　④（受身／可能）

（2）「わたし」はどうして会場で緊張したのですか。
　　＿＿＿＿＿＿＿＿＿＿＿＿＿＿＿＿＿＿＿＿＿＿＿＿＿＿＿＿＿＿＿＿＿

（3）（⑤）を「わたしは」につながる文になるように、正しく書きなさい。
　　わたしは、＿＿＿＿＿＿＿＿＿＿＿＿＿＿＿＿＿＿＿＿ような歌手になりたいです。

もんだいⅣ 文を書きましょう。

（1）わたしは友だちに＿＿＿＿＿＿＿＿＿＿＿＿＿＿＿＿＿＿とうれしいです。
（2）わたしは友だちに＿＿＿＿＿＿＿＿＿＿＿＿＿＿＿＿＿＿と困ります。

復習テスト（2）

得点　　　／100

I 線をひいて、正しい文にしましょう。　　　　　　　　（1点）

例：6月ですね、これからどんどん・　　　　　・勉強してきました。
1. 今まで東京で　　　　　　　　　・持っていってください。
2. 学校の帰りにスーパーで　　　　・行ってきます。
3. ちょっとたばこを　　　　　　　・生活してきました。
4. わたしは10年、日本語の研究に　・作っていきました。
5. 日本に来る前に、少し　　　　　・専念してきました。
6. わたしは子どものためにお弁当を・買物してきます。
7. さっき、中華料理を　　　　　　・痛くなってきました。
8. あした、パスポートを　　　　　・暑くなっていきます。
9. 頭が　　　　　　　　　　　　　・食べてきました。
10. 学校へ　　　　　　　　　　　　・吸ってきます。

II 同じ意味の文を選んで、＿＿にa. b. c.を書きましょう。　（3点）

例：わたしはワンさんに呼ばれました。　　→　　a
　a. ワンさんはわたしを呼びました。
　b. わたしはワンさんを呼びました。
　c. わたしにワンさんは呼ばれました。

1. わたしは彼にプロポーズされました。　　→　＿＿
　a. 彼はわたしにプロポーズされました。
　b. 彼はわたしにプロポーズしました。
　c. わたしに彼はプロポーズされました。
2. 電車の中で足をふまれました。　　　　　→　＿＿
　a. わたしは電車の中でだれかの足をふみました。
　b. わたしは電車の中でだれかに足をふまれました。
　c. 電車の中でだれかがわたしに足をふまれました。
3. わたしのお土産は、みんなに喜ばれました。　→　＿＿
　a. みんなのお土産を見てわたしは喜びました。

b. みんなのお土産を見てわたしは喜びました。
   c. わたしのお土産を見てみんなが喜びました。
4. 山田さんの家の犬に吠えられました。　　→　_____
   a. 山田さんは家で犬に吠えられました。
   b. 山田さんの家の犬はわたしに吠えました。
   c. わたしは山田さんの家の犬に吠えました。
5. 日曜日なのに、朝早く子どもに起こされました。→　_____
   a. 子どもは朝早くわたしを起こしました。
   b. 子どもは朝早くわたしに起こされました。
   c. わたしは朝早く子どもを起こしました。

Ⅲ 正しいものを選んで、____にa.b.c.d.を書きましょう。　　（3点）

例：日本語を勉強するなら、__a__。
   a. 日本に来たほうがいいです　　b. 日本に来るのほうがいいです
   c. 日本に来てほうがいいです　　d. 日本に来ますほうがいいです

1. 英語の新聞が_____ようになりました。
   a. 読む　　　　　　　　　b. 読める
   c. 読まれて　　　　　　　d. 読まない

2. 休むときは必ず、連絡する_____。
   a. ようにしてください　　b. ようになってください
   c. ようでください　　　　d. のようにしてください

3. あしたは、やっぱり_____と思います。
   a. 行け　　　　　　　　　b. 行きます
   c. 行こう　　　　　　　　d. 行こ

4. 数学は得意なのに、_____。
   a. 100点でした　　　　　　b. ぜんぜんわかりませんでした
   c. テストの点がよくなりました　d. 全部わかりました

5. 朝からお店に並んだので、新しいゲームが_____。
   a. 買えませんでした　　　b. 買いました
   c. 買いませんでした　　　d. 買えました

6. 北へ_____、寒くなります。

a. 行けば行けば　　　　　　　b. 行くなら行けば
   c. 行けば行くと　　　　　　　d. 行けば行くほど

7. 夏になれば、_____。
   a. ここで泳げるようになります　b. ここで泳ぐほどいいです
   c. ここに泳げるようになります　d. ここを泳げるつもりです

8. _____、あした一緒に食べに行きましょう。
   a. お寿司が好ければ　　　　　b. お寿司が好きなら
   c. お寿司が好くなら　　　　　d. お寿司が好きければ

9. _____、消してください。
   a. テレビを見ないなら　　　　b. テレビを見るなら
   c. テレビを見たいなら　　　　d. テレビを見れば

10. _____、体育祭は中止です。
    a. 雨が降れなら　　　　　　　b. 雨の降るなら
    c. 雨の降れば　　　　　　　　d. 雨が降れば

11. 風邪ですか。_____、熱は下がりますよ。
    a. この薬を飲むば　　　　　　b. この薬は飲めなら
    c. この薬を飲めば　　　　　　d. この薬は飲むば

IV （　）の言葉を使って文を書きましょう。　　　　　　（2点）

例：A: 辛いものが好きです。　（インド料理／食べます）
　　B: _インド料理を食べてみたらどうですか。_

1. A: 古い町が好きです。　（京都／行きます）
   B: _____

2. A: どれがおすすめですか。　（この日本酒／飲みます）
   B: _____

3. A: 電車のお金が高いです。　（定期券／買います）
   B: _____

4. A: これは少し小さいようです。　（こちらの服／着ます）
   B: _____

5. A: この大学の試験科目がわかりません。　（留学生センター／聞きます）
   B: _____

Ⅴ 正しい方に〇を書きましょう。　　　　　　　　　　（2点）

例：もうケーキは全部食べて（おきました／(しまいました)）。
1. 家族が日本に来るので、掃除をして（おきました／しまいました）。
2. 今度、あなたの恋人の写真を見て（おきたい／みたい）です。
3. リーさんなら、さっき、アルバイトに行って（みました／しまいました）よ。
4. ごめん、借りた本を忘れて（おいた／しまった）。
5. テストの前なので、復習して（しまって／おいて）ください。
6. ごめんなさい、もうほとんど食べて（みました／しまいました）。
7. あ。さいふ落として（しまった／みた）。
8. すいません、集合時間より早く来て（しまいました／おきました）。

Ⅵ 使わない言葉を取って、正しい文を書きましょう。

例：この本／難しさ／そう／です／難し／は　　　　（文1点・言葉1点）
　　　この本　は　難し　そう　です。　　　　　使わない言葉（　難しさ　）

1. そう／痛さ／あの注射／痛／です／は
　_____　使わない言葉（　　　　）
2. は／小さ／すぎて／この服／小さい／着られません
　_____　使わない言葉（　　　　）
3. 渋滞しました／事故／ために／道／事故の／が
　_____　使わない言葉（　　　　）
4. に／遅刻し／遅刻す／学校／そう／です
　_____　使わない言葉（　　　　）
5. です／は／頭／が／彼女／いい／いさ／そう
　_____　使わない言葉（　　　　）
6. 合格する／合格した／大学／に／ために／勉強します
　_____　使わない言葉（　　　　）
7. 飲ん／すぎた／昨日／気持ちが悪いです／ので／飲み
　_____　使わない言葉（　　　　）
8. は／料理／高い／食べられません／すぎて／高／この
　_____　使わない言葉（　　　　）

第11課（練習1）

もんだいI 文を書きましょう。

（例）1958年に東京タワーを建てました。
　　→ _1958年に東京タワーが建てられました_ 。

（1）来週、卒業式を行います。
　　_____

（2）4年に1度、オリンピックを開きます。
　　_____

（3）ドイツで彼の作品を演奏しました。
　　_____

（4）いろいろな国で日本のアニメを見ています。
　　_____

（5）この研究所で新しい薬を開発しています。
　　_____

（6）外国からいろいろな食べ物を輸入しています。
　　_____

もんだいII 文を書きましょう。

（例1）ぶどうでワインを作ります。　→ _ワインはぶどうから作られています。_
（例2）木でこの家を建てました。　→ _この家は木で建てられました。_
（1）米から日本酒を作ります。　→ _____
（2）石油から化粧品を作ります。　→ _____
（3）石であの建物を建てました。　→ _____

もんだいIII 文を書きましょう。

（例1）世界中の人がこの本を読んでいます。
　　→ _この本は世界中の人に読まれています。_
（例2）ベートーベンが「運命」を作曲しました。
　　→ _「運命」はベートーベンによって作曲されました。_

（例3）世界中で英語を話しています。
　　→　世界中で英語が話されています。

（1）たくさんの人がインターネットを利用しています。
　　_____

（2）今、日本で中国や韓国の映画をよく見ています。
　　_____

（3）グラハム・ベルが電話を発明しました。
　　_____

（4）日本人研究者がフロッピーディスクを発明しました。
　　_____

（5）世界中で日本のアニメを放送しています。
　　_____

（6）たくさんの人が電子辞書を使っています。
　　_____

もんだいIV 例を見て書きましょう。

（例）　A：この花、何で　作ります→　作られている　と思いますか。
　　　　B：さあ、何ですか。紙じゃないですね。
　　　　A：パンです。パンで　作ります　→　作られている　んですよ。
　　　　B：へえ、そうなんですか。わかりませんでした。

（1）　A：あなたの国でも米をよく食べますか。
　　　　B：ええ、よく食べますよ。
　　　　　でも、他の国から　輸入します→　_____　ています。
　　　　A：そうですか。

（2）　A：この歌を知っていますか。
　　　　B：ああ、聞いたことがあります。有名な歌でしょう。
　　　　A：はい、いろいろな国で　歌います→　_____　ているんですよ。

（3）　A：最近はEメールで連絡することが多いですね。
　　　　B：はい、そうですね。今は携帯電話のメールも
　　　　　よく　使います→　_____　ていますし、便利ですね。

第11課（練習2）

もんだいⅠ 例を見て書きましょう。

（例）あしたここでコンサート（ が ）＿開かれます＿。
（1）わたしのうちの近くに、新しいマンション（　　　）＿＿＿＿＿＿。
（2）ビールは麦（　　　）＿＿＿＿＿＿。
（3）電子辞書は、留学生たち（　　　）よく＿＿＿＿＿＿ています。
（4）あの店で、時計や指輪（　　　）＿＿＿＿＿＿ました。
（5）この建物（　　　）古いので、もうすぐ＿＿＿＿＿＿予定です。
（6）この電気製品は日本からいろいろな国（　　　）＿＿＿＿＿＿ています。

```
開きます    建てます    作ります    使います
盗みます    こわします   輸出します
```

もんだいⅡ 文を書きましょう。

（例）あした／学校／進学相談会／行う
　→　あした、学校で進学相談会が行われます。

（1）家／近所／建てる／マンション／家賃／とても高い
　＿＿＿＿＿＿＿＿＿＿＿＿＿＿＿＿＿＿＿＿＿＿＿＿

（2）おいしい日本酒／いい米といい水／作る
　＿＿＿＿＿＿＿＿＿＿＿＿＿＿＿＿＿＿＿＿＿＿＿＿

（3）電子辞書／たくさん／留学生たち／利用する
　＿＿＿＿＿＿＿＿＿＿＿＿＿＿＿＿＿＿＿＿＿＿＿＿

（4）このパソコン／部品／すべて／中国／製造する
　＿＿＿＿＿＿＿＿＿＿＿＿＿＿＿＿＿＿＿＿＿＿＿＿

（5）今日／内閣／来年度予算／発表した
　＿＿＿＿＿＿＿＿＿＿＿＿＿＿＿＿＿＿＿＿＿＿＿＿

もんだいIII 文を読んで答えましょう。

　先週、「国公立大学」の入学試験が行（　例　）ました。去年より低いと言（　①　）いた合格倍率は、「1．5倍」と、発表（　②　）ました。
　英語のリスニングテストでは、今年打ち上げ（　③　）スペースシャトルに乗っていた、日本人の宇宙飛行士のインタビューが読（　④　）ました。
　宇宙飛行士のインタビューが、大学の入学試験に使われ（　⑤　）のは初めてだったので、学生の準備不足が心配（　⑥　）。
　しかし、学生の話を聞いてみると、ニュースでたくさん放送（　⑦　）話題だったので、あまり難しいとは思わなかったようです。
　私立大学の中にも、今年のニュースが問題に出された大学はたくさんあったので、これからはテレビのニュースを見たり、新聞を読んだりするのが、大学に合格するための大事な勉強だと言えるようになりました。

（1）①〜⑦にはどちらが入りますか。

　例（い／われ）

　①（いて／われて）　　②（され／し）　　③（れた／られた）

　④（まれ／め）　　　　⑤（た／られた）

　⑥（してました／されました）　　⑦（された／られた）

（2）合格するために、ニュースを見たり、新聞を読んだりするのはどうしてですか。
　a. おもしろい話題がたくさんあるから。
　b. ニュースが大学の試験問題にたくさん出されるようになったから。
　c. 宇宙飛行士のインタビューはニュースや新聞で読めるから。
　d. 宇宙飛行士のインタビューが大学の試験問題に使われたのは初めてだったから。

もんだいIV 文を書きましょう。

（1）あなたの国で建てられたもので、一番古いものは何ですか。
　_____

（2）あなたの国の料理を一つ紹介してください。それは何から作られていますか。
　_____

第12課（練習1）

もんだいⅠ 例を見て書きましょう。

（例）帰ります	帰るそうです	帰らないそうです
（1）やめます		
（2）受けます		
（3）わかります		
（4）来ます		
（5）頼みます		
（6）引越します		
（7）出かけます		
（8）静かでした		
（9）おいしいです		
（10）痛かったです		

もんだいⅡ 例を見て書きましょう。

（例）ワンさん「来月国へ帰ります」
　　→ワンさんは　来月国へ帰るそうです　　　　　　　　　　　　。

（1）スタットさん「あの映画はとてもおもしろいですよ」
　　→スタットさんの話では、　　　　　　　　　　　　　　　　　。

（2）リーさん「京都の旅行は楽しかったです」
　　→リーさんの話では、　　　　　　　　　　　　　　　　　　　。

（3）ビルさん「パクさんはAクラスの新しい学生です」
　　→ビルさんによると、　　　　　　　　　　　　　　　　　　　。

（4）キムさん「わたしのおじいさんは若いとき、歌手でした」
　　→キムさんによると、　　　　　　　　　　　　　　　　　　　。

（5）田中さん「ワンさんは元気です」
　　→田中さんによると、　　　　　　　　　　　　　　　　　　　。

（6）道子さん「昨日は風邪でパーティーへ行きませんでした」
　　→道子さんは、　　　　　　　　　　　　　　　　　　　　　　。

もんだいⅢ 絵を見て答えましょう。

（例）　　　　（1）　　　　　　（2）　　　　　　（3）

（例）A：洋子さんは　料理が上手だそうです　ね。
　　　B：そうですよ。だって料理学校の先生なんですよ。
（1）A：あの二人は、この秋に_____ね。
　　　B：婚約してから3年…。長かったけど良かったよ。
（2）A：最近、友子さん、きれいになってきたと思いませんか。
　　　B：やせるために毎日家で_____よ。
（3）A：学生たちが日本の海を見たくて、昨日_____よ。
　　　B：そうですか、みんな、喜んでいたでしょう。
　　　A：でも、海はあまり_____。

もんだいⅣ 文を書きましょう。

（例1）田中さんは（帰りました）／そのことがわかりますか。
　　　→　田中さんが帰ったかどうか、わかりますか。
（例2）今日のパーティーに誰が来ますか。／そのことがわかりますか。
　　　→　今日のパーティーに誰が来るか、わかりますか。
（1）彼はパーティーに（来ます）／そのことを聞いていますか。
　　　_____
（2）この本は（借りられます）／そのことがわかりますか。
　　　_____
（3）来週、進学説明会が（あります）／そのことがわかりますか。
　　　_____
（4）忘れ物が（届いています）／そのことを調べてもらえますか。
　　　_____
（5）ワンさんはどこへ引越しましたか。／そのことを知っていますか。
　　　_____
（6）待ち合わせの場所はどこに変わりましたか。／そのことを聞いていますか。
　　　_____

第12課（練習2）

もんだいⅠ 例を見て書きましょう。

(例) 彼は仕事が終わってから6時ごろここを＿出た＿そうです。

(1) リンさんは風邪をひいたのであした学校へ＿＿＿＿そうです。

(2) 山本さんは先月会社を＿＿＿＿そうです。

(3) 小学校の時の先生は今もわたしを＿＿＿＿そうです。

(4) その飛行機はあしたの午後1時に空港に＿＿＿＿そうです。

| 出る |
| 着く |
| 覚える |
| 来る |
| やめる |

もんだいⅡ 文を書きましょう。

(例) 20年前にこの学校を建てました。
→＿この学校は20年前に建てられたそうです。＿

(1) 京都で国際会議を開きます。
　＿＿＿＿＿＿＿＿＿＿＿＿＿＿＿＿

(2) いろいろな国でこの試合を放送します。
　＿＿＿＿＿＿＿＿＿＿＿＿＿＿＿＿

もんだいⅢ 例を見て書きましょう。

(例1) a→ A: キムさんは今日、欠席ですか。
　　　　　B: 朝、病院へ行ったので、2時間目の授業から＿来ます→来るそうです。＿

(例2) b→ A: すごく古いアパートですね。
　　　　　B: ここは来年、＿こわします→こわされるそうですよ。＿

(例3) c→ A: 約束の時間に間に合いますか。
　　　　　B: 道が混んでいるので＿間に合います→間に合うかどうか＿

　　　　　わかりませんね。

(1) a→ A: 傘を持っていったほうがいいでしょうか。
　　　　　B: 天気予報によると、お昼から雨が＿降ります→＿＿＿＿よ。

(2) b→ A: あしたから韓国へ出張するけど会社の人たちは日本語、話せるかなあ。
　　　　　B: どうだろう。＿話せます→＿＿＿＿わからないなあ。

(3) c→ A: この会場は毎年、卒業式に＿利用しています→＿＿＿＿ね。
　　　　　B: ええ、学校の近くで、便利ですから。

もんだいIV 文を読んで答えましょう。

サッカー

　サッカーというスポーツを知っていますか。アジアでは、昔、中国の魏という国に、馬に乗りながらボールをける遊びが（　①　）そうです。日本には、今から1000年くらい前、「けまり」という遊びがありました。ヨーロッパでも、1200年くらい前、いろんな国にサッカーと似ている遊びがたくさんあったそうです。

　いろんな国で少しずつ違っていたルールは、今から200年くらい前にすべて一つに（②まとめました）そうです。そして、サッカーは、足でボールをけって、ゴールに入れるという簡単なスポーツなので、それからどんどん世界に広まったそうです。

　今世界には、200くらいの国があります。その中の190くらいの国が、4年に一度行われるサッカーのワールドカップに出るために、予選を戦っているそうです。

　いろんな国に昔からあったサッカーという「遊び」は、今世界で一番人気がある「スポーツ」になりました。

（1）（　①　）に入る正しい形はどれですか。

　　a. ある　　　b. あり　　　c. あった　　　d. ない

（2）（②まとめました）の一番適当な形はどれですか。

　　a. まとめる　　　b. まとめられた　　　c. まとめ　　　d. まとめて

（3）どうしてサッカーは世界中に広まりましたか。

　　a. たくさんの国で違うルールがあっておもしろいから。
　　b. 馬は世界中にいて、みんなが乗れたから。
　　c. ワールドカップに200くらいの国が出たいと思っているから。
　　d. ルールは一つだし、簡単なスポーツだから。

もんだいV 文を書きましょう。

（1）「～かどうか」

　　お金がたくさんあっても＿＿＿＿＿＿＿＿＿＿＿＿＿＿＿＿＿＿＿＿＿＿＿

（2）「～か」

　　わたしの両親は＿＿＿＿＿＿＿＿＿＿＿＿＿＿＿＿＿＿＿＿＿＿＿＿＿＿

（3）「～そうです」

　　わたしの国の＿＿＿＿＿＿＿＿＿＿＿＿＿＿＿＿＿＿＿＿＿＿＿＿＿＿＿

第13課 (練習1)

もんだいI 例を見て書きましょう。

（例）（パクさんは国へ帰ります）
→ ビルさんに聞いたんですが、__パクさんは国へ帰る__ らしいですよ。

（1）（来週国の友だちが来ます）
　　_____らしいですよ。

（2）（あしたの天気はくもりです）
　　天気予報によると、_____らしいです。

（3）（ここは昔、海でした）
　　テレビで見たんですが、_____らしいですよ。

（4）（あの歌手は韓国で有名です）
　　新聞で読んだんですが、_____らしいですよ。

（5）（ワンさんは国で頑張っています）
　　ワンさんの手紙によると、_____らしいですよ。

（6）（あの映画はおもしろいです）
　　友だちの話によると、_____らしいですよ。

もんだいII 絵を見て答えましょう。

ビルさんは週末の予定をまだ決めていません。

（例） （1） （2） （3）

（例）__バスケットボールをする__ かもしれません。
（1）_____かもしれません。
（2）_____かもしれません。
（3）_____かもしれません。

もんだいⅢ 例を見て書きましょう。

（例）彼は「あした学校へ来ます」と言ったから、彼は__来る__はずですよ。
もう少し待ちましょう。

（1）ワンさんはさっき出かけましたから、もうすぐそちらに_____はずです。

（2）この薬はいいですから、すぐに_____はずですよ。

（3）もう授業が終わりましたから、教室には誰も_____はずですが…。

（4）先輩がこの本を勉強して、大学に合格したと言ったから、
この本はきっと_____はずです。

| 来ます　　効きます　　います　　いません　　着きます　　いいです |

もんだいⅣ 例を見て書きましょう。

（例）彼は今病気だから、__学校へ来るはずがありません__。

（1）リーさんは中国に住んでいたことがありますから、

_____。

（2）今夏休みですから、

_____。

（3）ビルさんは昨日、サッカーの練習でけがをしましたから、

_____。

（4）キムさんは「ロビーで待っています」と言ったから、

_____。

もんだいⅤ 文を書きましょう。

（例）タクシーだったら（間に合います）

→ __タクシーだったら、間に合うかもしれません。__

（1）彼だったら店の電話番号を（知っています）

_____

（2）コンサートに行きたくても切符が（買えません）

_____

第13課（練習2）

もんだいⅠ 例を見て書きましょう。

(例) A：前田さんの娘さんは、アナウンサーに＿＿なったらしい＿＿ですよ。

　　　B：へえ〜。すごいね。どこのテレビ局？

　　　A：さあ、そこまでは聞いてないからわかりませんけど…。

(1) A：スタットさんは英語が＿＿＿＿＿＿＿＿＿＿＿ですね。

　　 B：そうですよ。仕事でいろいろな国に行くから、英語を勉強したそうですよ。

(2) A：デジカメを買おうと思うんだ。もし、時間があれば一緒に選んでほしいんだけど…。

　　 B：もう少し待ったほうがいいよ、新製品が＿＿＿＿＿＿＿＿＿＿＿から。
　　　　たぶん来月だったと思うな。

(3) A：山田部長は仕事のとき、厳しいですね。

　　 B：ええ。でも、うちでは、とても＿＿＿＿＿＿＿＿＿＿＿ですよ。
　　　　休日は家族といろいろなところへ遊びに＿＿＿＿＿＿＿＿＿＿＿ですよ。

もんだいⅡ 例を見て書きましょう。

(例) A：おなかがすいたね。あそこのマックに寄っていこうか。

　　　B：マックよりケンタッキーがいいな。
　　　　あの信号を左に曲がると＿＿あるはずだ＿＿から。

(1) A：このCD、よさそうだな…買おうかな。

　　 B：そのCDなら、兄が＿＿＿＿＿＿＿＿＿＿＿から、貸してあげるよ。

(2) A：もうダメだな…。この試合、勝てないよ。相手の選手が
　　　 こんなに強いと思わなかった。

　　 B：頑張ろうよ。今までたくさん練習したから、＿＿＿＿＿＿＿＿＿＿＿よ。

(3) A：かわいいスカートを売っていたから買ってきたわ。

　　 B：わあ、お姉ちゃんありがとう。はいてみるね。…あれっ？

　　 A：どうしたの？ サイズはわたしと同じだから＿＿＿＿＿＿＿＿＿＿＿でしょう。

　　 B：お姉ちゃん…わたし太ったのかな…。

もんだいIII 文を読んで答えましょう。

携帯電話

　ニュースによると、今の日本の小学生や中学生は、「携帯電話は便利です。」と言わない（　①　）。
　「携帯電話は便利です。」というのは、携帯電話がなかった時代を知っている人にしかわからない気持ちかもしれません。わたしも、テレビのニュースを見て、「テレビは便利です。」と思ったことはありません。わたしが生まれたときからテレビはあったので、②なかったときの気持ちがわかるはずがありません。
　とても便利な携帯電話は、今、通話、メールの他にインターネットやテレビ、音楽プレーヤー、さいふとしても使われているそうです。インターネットはこれからもどんどん進歩していく（　③　）から、これからは携帯電話だけ持っていれば、何でもできるように（④なります）かもしれませんね。

（１）①に入る最も適当なのはどれですか。
　　　a. はずです　　b. かもしれません　　c. らしいです
（２）②＿＿の「わかる」の形を変えて、「～はずです。」の文にしましょう。
　　　なかったときの気持ちは、＿＿＿＿＿＿＿＿＿＿はずです。
（３）③はどちらが入りますか。
　　　（はずです／はずがありません）
（４）④の正しい形はどれですか。
　　　a. なり　　b. なって　　c. なる　　d. なろう

もんだいIV 文を書きましょう。
（１）わたしの国は日本より＿＿＿＿＿＿＿＿＿＿＿＿＿＿はずです。
（２）これからの日本は＿＿＿＿＿＿＿＿＿＿＿＿＿＿かもしれません。
（３）先生の話によると＿＿＿＿＿＿＿＿＿＿＿＿＿＿＿らしい。
（４）＿＿＿＿＿＿＿＿＿＿＿＿＿＿＿＿＿はずがありません。

第14課（練習1）

もんだいⅠ 例を見て書きましょう。

（例）わたしは（学校を休みます）→わたしは　学校を休むことがあります。

（1）時間がなくて（朝ご飯を食べません）
　　→　時間がなくて_____。

（2）たまに（お酒を飲みます）
　　→　たまに_____。

（3）寝る時間が遅くて（朝、起きられません）
　　→　寝る時間が遅くて_____。

（4）ときどき、友だちとカラオケに（行きます）
　　→　ときどき、友だちとカラオケに_____。

（5）このビルの中では携帯電話が（かかりません）
　　→　このビルの中では携帯電話が_____。

（6）たまに宿題を（忘れてしまいます）
　　→　たまに宿題を_____。

もんだいⅡ 絵を見て答えましょう。

（例）　　　　　（1）　　　　　（2）　　　　　（3）

（例）（あした／家）　→　あしたは家で本を読むことにします。
（1）（家／駅）　　　→　_____
（2）（休日／家族）　→　_____
（3）（国／両親）　　→　_____

もんだいⅢ 例を見て書きましょう。

(例) カルロスさんがサッカーの__試合に出る__ということを聞きました。

(1) 日本酒が＿＿＿＿＿＿＿＿＿＿＿ということを知っていましたか。

(2) 飛行機の切符が＿＿＿＿＿＿＿＿＿＿＿ということを教えてもらいました。

(3) 動物園でパンダの赤ちゃんが＿＿＿＿＿＿＿＿＿＿＿ということを
テレビで見ました。

(4) ビルさんが今度中国を＿＿＿＿＿＿＿＿＿＿＿ということを聞きました。

```
試合に出ます      生まれました       コンビニで買えます
旅行します        米から作られます
```

もんだいⅣ 正しいものに線を書きましょう。

(例) 甘いものは嫌いですが、・――――・たまに食べることがあります。

(1) 頭もいたいし、熱もあるので、・　　・外へ出かけることにします。

(2) このアパートは古いので　　・　　・病院へ行くことにします。

(3) 今日は天気がいいので、　　・　　・こわされることになりました。

(4) 学校の旅行で、　　　　　　・　　・来週鎌倉へ行くことになりました。

もんだいⅤ 例を見て書きましょう。

(例) 新幹線／行きます

A: キムさん、今度の旅行は何で行きますか。

B: 飛行機の切符がなかったので、__新幹線で行くことになりました__。

(1) 中国語／教えます

A: ワンさん、アルバイトをはじめますか。

B: はい、来週から、＿＿＿＿＿＿＿＿＿＿＿。

(2) パーティー／します

A: パーティーがあると聞いたんですが…。

B: 金曜日にビルさんのうちで＿＿＿＿＿＿＿＿＿＿＿。ぜひ来てくださいね。

(3) 日本語／スピーチ／します

A: カルロスさん、スピーチは英語でしますか。

B: いいえ、＿＿＿＿＿＿＿＿＿＿＿。

第14課（練習2）

もんだいI　「〜ことがあります」「〜ことにします」「〜ことになります」
　　　　　を使って書きましょう。

（例）A：ここ、雑誌で見たわ。一度、このレストランで食事したいなあ。
　　　B：人気があるから、簡単に　入れないことがある　　　　　　　よ。

（1）A：あっ、雨だ。どうしよう、傘を持ってこなかったよ。
　　　B：大丈夫だよ。事務所に行けば貸してくれるよ。
　　　　僕もときどき_____んだ。

（2）A：ケーキ、食べないの？　おいしいよ。
　　　B：やせるために、昨日から、甘いものを_____。

（3）A：旅行はどこへ行くんですか。
　　　B：いろいろ調べて、夏休みは、沖縄へ_____。

（4）A：最近、眠そうですね。どうしたんですか。
　　　B：最近、夜、わたしの部屋の上の人がうるさくて、_____。

（5）A：あ、テニスのラケットだね。テニス、始めたの？
　　　B：うん、ずっとやってみたかったから、_____よ。

（6）A：出張ですか。
　　　B：ええ、スタットさんが行けないので、わたしが_____。

もんだいII　例を見て書きましょう。

（例）ワンさん：あの二人が来月結婚するんですよ。
　　　→　　あの二人が来月結婚するということを　　ワンさんから聞きました。

（1）ビルさん：鈴木さんは、野球選手だったんですよ。
　　　_____ビルさんから聞きました。

（2）山田先生：あの大学は学生がとても多いですよ。
　　　山田先生から、_____聞きました。

（3）（ニュースで）：ヨーロッパへ旅行する人が増えています。
　　　ニュースで、_____知りました。

（4）パクさん：昨日のコンサートはとてもよかったです。
　　　パクさんから、_____聞きました。

もんだいⅢ 文を読んで答えましょう。

<お知らせ>

留学生のみなさん、来週の日本文化教室は、日本の茶道をすることになりました。日本のお茶を飲んだことがありますか。初めての人も、飲んだことがある人も、ぜひ参加してください。日本人の友だちと一緒に参加してもいいです。日本のお菓子も食べることができます。みんなで楽しい時間を過ごしましょう。お金は無料です。場所は留学生センターの105教室です。

参加したい人は、前の日までに、事務室にある申し込み用紙に名前を書いておいてください。何かわからないことがあったら、いつでも事務室で聞いてください。

（1）お金がかかりますか。

　　　＿＿＿＿＿＿＿＿＿＿＿＿＿＿＿＿＿

（2）お茶を飲んだことがありません。参加してもいいですか。

　　　＿＿＿＿＿＿＿＿＿＿＿＿＿＿＿＿＿

（3）留学生だけ参加できますか。

　　　＿＿＿＿＿＿＿＿＿＿＿＿＿＿＿＿＿

（4）ワンさんの話を聞いて、ワンさんの申し込み用紙を書いてください。

「来週の日本文化教室に参加したいと思います。日本のお茶は、前に飲んだことがあります。来週は、道子さんと、道子さんの友だちと一緒に参加することにします。」

「申し込み用紙」

名前　＿＿＿＿＿＿＿＿＿＿
日本のお茶を飲んだことが　　（　ある　・　ない　）
参加する人の数　全部で＿＿＿＿＿＿名

第15課（練習1）

もんだいⅠ 絵を見て答えましょう。

（例）先生→わたし（本）
　a. 先生が本をくださいました。
　b. 先生に本をいただきました。

（1）道子さんのお母さん→わたし
　a. ＿＿＿＿＿＿＿＿＿＿＿＿＿＿＿＿。
　b. ＿＿＿＿＿＿＿＿＿＿＿＿＿＿＿＿。

（2）校長先生→わたし
　a. ＿＿＿＿＿＿＿＿＿＿＿＿＿＿＿＿。
　b. ＿＿＿＿＿＿＿＿＿＿＿＿＿＿＿＿。

（3）部長→わたし
　a. ＿＿＿＿＿＿＿＿＿＿＿＿＿＿＿＿。
　b. ＿＿＿＿＿＿＿＿＿＿＿＿＿＿＿＿。

もんだいⅡ 例を見て書きましょう。

（例）先生　→　学生／日本の文化／教えます
　→　先生は　学生に日本の文化を教えてくださいました　。

（1）わたし　→　お客様／お茶／いれます
　わたしは＿＿＿＿＿＿＿＿＿＿＿＿＿＿＿＿。

（2）部長　→　わたし／漢字の読み方／教えます
　部長は＿＿＿＿＿＿＿＿＿＿＿＿＿＿＿＿。

（3）わたし　→　弟／時計／買います
　わたしは＿＿＿＿＿＿＿＿＿＿＿＿＿＿＿＿。

（4）上司の宮本さん　→　わたし／家族の写真／見せます
　上司の宮本さんは＿＿＿＿＿＿＿＿＿＿＿＿。

もんだいIII 絵を見て答えましょう。

(例)　　　　　　(1)　　　　　　　　(2)　　　　　　　　(3)

(例) わたし　→　先生

→ ＿＿わたしは先生のかばんを持ってさしあげました＿＿。

(1) わたし　→　妹

＿＿＿＿＿＿＿＿＿＿＿＿＿＿＿＿＿＿＿＿＿＿＿＿＿＿。

(2) わたし　→　友だちのカルロスさん

＿＿＿＿＿＿＿＿＿＿＿＿＿＿＿＿＿＿＿＿＿＿＿＿＿＿。

(3) わたし　→　お客様

＿＿＿＿＿＿＿＿＿＿＿＿＿＿＿＿＿＿＿＿＿＿＿＿＿＿。

もんだいIV 例を見て書きましょう。

(例) 友だちのパクさんが韓国料理を＿作って＿（⦿くれました⦾・くださいました）。
(1) 会社の上司がパーティーに＿＿＿＿＿＿＿（くれました・くださいました）。
(2) 道子さんが家族の写真を＿＿＿＿＿＿＿（くれました・くださいました）。
(3) 友だちのお兄さんが引越しを＿＿＿＿＿＿＿（くれました・くださいました）。
(4) 友だちのマリアさんに料理の作り方を

　　　　　　　＿＿＿＿＿＿＿（もらいました・いただきました）。
(5) 教授に論文を＿＿＿＿＿＿＿＿＿＿（もらいました・いただきました）。
(6) 先輩のお姉さんにアルバイトを

　　　　　　　＿＿＿＿＿＿＿（もらいました・いただきました）。

作ります	教えます	見ます	見せます
手伝います	招待します	紹介します	

第15課（練習2）

もんだいI 絵を見て答えましょう。

（例）　　　（1）山田先生　　（2）娘　　（3）妻　　（4）教授
ミッシェル先生

（例）ミッシェル先生は　わたしにフランス語を教えてくださいました。
（1）山田先生は_____。
（2）わたしは_____。
（3）わたしは_____。
（4）わたしは_____。

もんだいII 例を見て書きましょう。

（例）授業が終わってからも先生はわたしに勉強を　教えてくださいました。
（1）わたしは先生の荷物を_____
（2）先生はわたしを東京タワーへ_____
（3）わたしは息子に英語を_____
（4）わたしはお客様を駅まで_____
（5）わたしたち夫婦は結婚式で社長にスピーチを_____
（6）わたしは子どもに絵を_____
（7）A：鈴木くん、午後の会議で使う資料は大丈夫だね？
　　 B：はい、部長。今朝主任に見て_____から、問題ありません。
（8）A：先生こんにちは。遅くなってすみません。
　　 B：あ、こんにちは。何ですか、これ。
　　 A：先週、先生が_____本です。
　　 B：ああ、そうですか。もっと借りていてもよかったのに。

もんだいⅢ 文を読んで答えましょう。

　昨日、先生（　①　）紹介していただいた文法のテキストを買いに本屋へ行きました。しかし、名前だけしか聞かなかったので、本屋にいってもどこにあるのかわかりませんでした。
　お店のいろいろなところを探していたら、店員さん（　②　）声をかけてくださいました。わたしは、本の名前を言いました。そして、店員さんに、その本がある「日本語コーナー」まで連れて行って（　③　）。
　先生に教えて（　④　）名前の本を見つけて、「あったー！」と言ったら、その店員さんが笑顔で「よかったですね。」と言って（　⑤　）。わたしはとてもやさしく接してくださった店員さんにお礼を言いました。店員さんは「いいえ、仕事ですから。」とまた笑顔で言って（　⑥　）。
　わたしの夢は日本の工業大学に進学して、車の整備技術を勉強して、自分の国で車の修理会社を作ることでした。しかし、本屋で、あの店員さんと出会ってから、人と接するサービスの仕事もやってみたいと思うようになりました。

（1）①と②はどちらが入りますか。

　　①（が／に）　　②（に／が）

（2）③～⑥はどちらが入りますか。

　　③（いただきました／くださいました）

　　④（さしあげた／いただいた）

　　⑤（くださいました／いただきました）

　　⑥（さしあげました／くださいました）

（3）どうして「わたし」はサービスの仕事もやってみたいと思うようになりましたか。
　　_____から。

もんだいⅣ 文を書きましょう。

　（1）　わたしは_____いただきました。
　（2）　わたしは_____さしあげました。

復習テスト (3)

得点　　／100

I （　）に言葉を入れて正しい文にしましょう。　　　　　　（1点）

例：あした（　は　）テストなので、勉強することにしました。

1. この家（　　　）100年前（　　　）建てられました。
2. 会議は何時（　　　）始まる（　　　）わかりますか。
3. この国（　　　）世界のコーヒーの40％（　　　）作られています。
4. 日本は世界中からたくさん（　　　）食べ物（　　　）輸入しています。
5. いつも電車（　　　）池袋（　　　）行きます。
6. 今、アルバイトをしながら日本語学校（　　　）通っていますが、将来は日本（　　　）会社（　　　）入りたい（　　　）思っています。

　　　　は　を　で　に　と　か　の　が

II 文を書きましょう。　　　　　　　　　　　　　　　　　　（3点）

例：新聞／飛行機事故／起きました
　　新聞によると、飛行機事故が起きたそうです。

1. テレビのニュース／日本の新幹線／輸出されます
　_____
2. うわさ／あの歌手／結婚します
　_____
3. 先生の話／あの大学の試験／難しくありません
　_____
4. 友だちの話／この辺り／とても静かです
　_____
5. 母の話／若いころの父／格好よかったです
　_____
6. 経済新聞／石油／まだ値下がりしません
　_____

III 正しいものを選んで、＿＿にa.b.c.d.を書きましょう。　　（2点）

例：この動物園には、パンダが＿a＿はずです。
　　a. いる　　　b. います　　　c. いません　　　d. いそう

1. 彼は約束したのだから、＿＿＿はずです。
　　a. 来る　　　b. 来ます　　　c. 来て　　　d. 来って

2. 猫が言葉を＿＿＿。
　　a. 話すはずです　　　　　　b. 話してはずです
　　c. 話すはずがありません　　d. 話さないはずです

3. 海が近いので、ここから＿＿＿はずです。
　　a. 見える　　　b. 見た　　　c. 見ない　　　d. 見えない

4. あしたのパーティーに＿＿＿わかりますか。
　　a. だれが来るか　　　　b. だれが来るかどうか
　　c. だれも来ないか　　　d. だれが来ると

5. 今週は雨だったが、来週は＿＿＿そうです。
　　a. 晴れる　　　b. 晴れて　　　c. 晴れない　　　d. 晴れた

6. あの人は学生ではなくて、＿＿＿そうです。
　　a. 先生です　　　b. 先生の　　　c. 先生　　　d. 先生だ

7. 山田先生は、＿＿＿知っていますか。
　　a. 何が好きかどうか　　b. 何を好きかどうか
　　c. お酒の好きか　　　　d. お酒が好きかどうか

8. 1年間貯金すれば、車が＿＿＿かもしれません。
　　a. 買う　　　b. 買える　　　c. 買って　　　d. 買った

9. たまに、アルバイトを＿＿＿ことがあります。
　　a. 休んで　　　b. 休みます　　　c. 休みだ　　　d. 休む

10. 時間がないので、食事を＿＿＿ことにしました。
　　a. しよう　　　b. しません　　　c. しない　　　d. します

IV 例を見て、文を書き換えましょう。　　　　　　　　　　（2点）

例：来週、このビルをこわします。
　　来週、このビルはこわされます。

1. 大豆から豆腐を作ります。
　　豆腐は_____

2. 警察は犯人を捕まえました。
　　犯人は_____

3. たくさんの若者がその歌を歌っています。
　　その歌は_____

4. ライト兄弟が飛行機を発明しました。
　　飛行機は_____

5. 2008年に北京でオリンピックを開きました。
　　_____

6. 来週、この学校で留学試験を行います。
　　_____

7. 世界中でインターネットを使っています。
　　_____

V 文の中の____の言葉を、例のように書き換えましょう。　　（3点）

山田先生へ
　先生、先週はいい本を（例）紹介してくれて、ありがとうございます。わたしはその本を友だちにも紹介してあげました。みんなは先生に（1）紹介してもらった本を読んでびっくりしていました。みんな、お礼を（2）してあげたいと言っていました。いつもいろいろなことを（3）教えてくれて本当にありがとうございます。この本で勉強して、絶対大学に合格します。
　　　　　　　　　　　　　　　　　　　　　　　　　　　　ワン

（例）：　紹介してくださって

(1)_____

(2)_____

(3)_____

Ⅵ 正しい方を選んで、○を書きましょう。　　　　　　　　　　（3点）

例：飛行機は出発時間が　（変わることがあります／変わることにします）。

1. A: パンダは肉も（食べるらしい／食べらしい）よ。
   B: 本当ですか。知りませんでした。

2. A: あの人は歌が（好きなはずがありません／好きなはずです）。
   B: どうしてですか。
   A: 一緒にカラオケに行っても歌ったことがないですから。

3. A: ワンさん、2つも大学に合格したんですか、すごいですね。
   B: ありがとうございます。
   A: どちらに（行こう／行くか）決めましたか。
   B: はい、こちらの大学に（行くことにしました／行くことになりました）。

4. A: この店はたくさん人がいますね。
   B: はい、先週テレビで（宣伝さられたそうです／宣伝されたそうです）。
   A: だからこんなに込んでいるんですね。

5. A: 来週、大阪に（出張することになりました／出張することにしました）。
   B: 大阪ですか。一人で行くんですか。
   A: いいえ、家族と一緒に（行けないはずです／行けるかもしれません）から、あした、もう一度くわしく聞いてみます。
   B: そうですね。家族と一緒に行けるといいですね。

Ⅶ （　）に言葉を入れて正しい文にしましょう。　　　　　　　（1点）

例：彼が来る（　かどうか　）わかりません。

1. 今出れば、終電に間に合う（　　　　　）から、急いでください。
2. 学費を払う（　　　　　）、毎日アルバイトをしています。
3. 紙で手を切る（　　　　　）があります。
4. このライブは来週の10日まで続けられる（　　　　　）です。

　　　かどうか　　ために　　そう　　こと　　かもしれません

第16課（練習1）

もんだいI 例を見て書きましょう。

(例) 話します	話されます	(8) 寝ます	
(1) 座ります		(9) 始めます	
(2) 乗ります		(10) 借ります	
(3) 通います		(11) 開けます	
(4) 泳ぎます		(12) 見つけます	
(5) 歩きます		(13) 着ます	
(6) 会います		(14) 来ます	
(7) 読みます		(15) 卒業します	

もんだいII 文を書きましょう。

(例) 何を飲みますか。
　　→　何を飲まれますか。

(1) 先生は何時ごろ帰りますか。
　　_____

(2) お客様は、この靴を買いました。
　　_____

(3) 部長は6時まで仕事を続けました。
　　_____

(4) 社長は来週まで海外へ出張します。
　　_____

(5) 校長先生は学生の前で、話を始めました。
　　_____

(6) わたしが帰った後で先輩が来たそうですね。
　　_____

もんだいIII 例を見て書きましょう。

(例1) (お) 花　　(例2) (ご) 家族
(1) (　　) 名前　(2) (　　) 住所　(3) (　　) 手紙
(4) (　　) 国　　(5) (　　) 注文　(6) (　　) 両親

もんだい IV 例を見て書きましょう。

(例) お名前を書いてください。 → お名前をお書きください。

(1) こちらで少し待ってください。 → _____

(2) このペンを使ってください。 → _____

(3) ここで靴を脱いでください。 → _____

(4) 注意してください。 → _____

(5) 連絡してください。 → _____

もんだい V 例を見て書きましょう。

(例1) 山田先生がその本を お書きになりました。

(例2) 社長は3時の飛行機で ご出発になりました。

(1) 部長はもううちへ_____ました。

(2) お客様はもう部屋で_____ています。

(3) 山本さんはあした、日本へ_____ます。

(4) 鈴木さんの息子さんは、来年、大学を_____ます。

(5) 社長は毎朝、経済の新聞を_____ます。

書きます	出発します	卒業します	帰ります
待ちます	読みます	帰国します	

もんだい VI 例を見て書きましょう。

(例) A: 先生はこのニュースを ご覧になりました か。

B: はい、テレビで見ました。

(1) A: 先生、昼ご飯を_____。

B: まだ食べていないんですよ。

(2) A: 社長、今どちらに_____。

B: 今、車の中にいるよ。

(3) A: 先生、田中さんを_____。

B: ええ、知っていますよ。

(4) A: 部長、飲み物は何に_____。

B: コーヒーにしよう。

第16課（練習2）

もんだいI 文を書きましょう。

(例) 会議の日は、
(何名来るのか連絡してください。)
→　　何名来られるのかご連絡ください　　　　　　　。

(1) A：部長、(社長から電話がありました。)
→ _____

B：(どうしたって？)
→ _____

A：(予定通り到着して、今ホテルに入ったそうです。)
→ _____

(2) A：どうぞ、(こちらに座ってください。)
→ _____

B：ありがとうございます。

(3) A：先生は(甘いものを食べますか。)
→ _____

B：ええ、好きですよ。

A：中国のお菓子があるんです。(ちょっと待ってくださいね。)
→ _____

(4) A：ロバートさんは今回、(奥様と日本へ来たんですよね。)
→ _____

B：はい、そうです。

A：(もうどこかへ行きましたか。)
→ _____

B：はい。京都と大阪へ行きました。

(5) A：いらっしゃいませ。

B：今日、こちらに泊まりたいんですが、部屋は空いていますか。

A：(一人で泊まりますか。)
→ _____

B：はい、そうです。

A：では、(こちらに名前と住所を書いてください。)
→ _____

もんだいⅡ 文を読んで答えましょう。

> みなさん、今日のツアーはどうでしたか。今日、みなさんがお泊まりになるホテルはこちらです。夕食はホテルのレストランでA. 食べてください。
>
> あしたのご予定は、日程表をB. 見てください。朝は、お食事のあと、9時までにロビーにC. 来てください。あしたも楽しい予定がたくさんありますから、遅れないようにしてください。
>
> みなさんのお荷物は部屋に運んであります。もし、お荷物がなかったら、D. 言ってください。では、ゆっくりE. 休んでください。

(1) 上の文は、だれが話していると思いますか。

　　a. ホテルの人　　b. 旅行ガイドの人　　c. 空港の人　　d. レストランの人

(2) A～Eの言葉を正しい敬語表現に直しましょう。

A_____　B_____　C_____

D_____　E_____

もんだいⅢ 文を書きましょう。

(1) 学校の先生は、皆さんにいつもどんなことをお話しになっていますか。

_____

(2) a. 事務所に山田先生を訪ねてください。事務所の人にどう聞きますか。

_____

b. いない時は、いつ帰ったか、どう聞いたらいいですか。

_____

c. 山田先生が、あした、来るかどうか、どう確かめたらいいですか。

_____

第17課（練習1）

もんだいⅠ 例を見て書きましょう。

(例1) この本を___お借りして___もいいですか。
(例2) わたしの町を___ご案内し___ます。

(1) 重そうですね。_____ましょうか。
(2) 来週、郵便で_____ます。
(3) あした、10時に_____ましょう。
(4) パーティーの時間と場所をあとで_____ます。
(5) 何かわからないことがあれば、わたしが_____ます。
(6) _____ます。こちらは友だちのスタットさんです。

借ります	案内します	会います	紹介します
持ちます	送ります	連絡します	手伝います

もんだいⅡ 文を書きましょう。

(例1) 昨日、社長に会いました。 → ___昨日、社長にお会いいたしました。___
(例2) わたしの家族を紹介します。 → ___わたくしの家族をご紹介いたします。___
(1) お客様を案内します。 → _____
(2) 電話番号を調べましょうか。 → _____
(3) もう一度、説明しますね。 → _____
(4) 荷物はあとで届けます。 → _____
(5) 結婚式に招待します。 → _____

もんだいⅢ 文を書きましょう。

(例) わたしは山田一郎と言います。 → ___わたくしは山田一郎と申します。___
(1) 先生の論文を見ました。 → _____
(2) あした、必ず事務所へ行きます。 → _____
(3) ワンです。中国から来ました。 → _____
(4) ここの掃除はわたしがします。 → _____

（5）寿司と天ぷらを食べました。　→ ＿＿＿＿＿＿＿＿＿＿＿＿＿＿＿＿＿

（6）部長が入院したことを知りませんでした。

　　　→ ＿＿＿＿＿＿＿＿＿＿＿＿＿＿＿＿＿＿＿＿＿＿＿＿＿＿

（7）来年の春まで日本にいます。　→ ＿＿＿＿＿＿＿＿＿＿＿＿＿＿＿

（8）先生に会いたいです。　→ ＿＿＿＿＿＿＿＿＿＿＿＿＿＿＿＿＿

（9）わたしはコーヒーを飲みます。　→ ＿＿＿＿＿＿＿＿＿＿＿＿＿

（10）山本さんの転勤を部長から聞きました。

　　　→ ＿＿＿＿＿＿＿＿＿＿＿＿＿＿＿＿＿＿＿＿＿＿＿＿＿＿

もんだいⅣ どちらがいいですか。○を書きましょう。

（例）わたしが先生の研究室へ（いらっしゃいます／⦅うかがいます⦆）。

（1）先生を家に（ご招待なさいます／ご招待します）。

（2）パンフレットを（ご覧ください／拝見ください）。

（3）わたしが駅まで（お送りなさいます／お送りします）。

（4）すみませんが、（お教えいただけませんでしょうか／お教えなさいますか）。

（5）部長はどちらに（いらっしゃいますか／おりますか）。

（6）社長は今日の会議に（ご出席になります／ご出席します）。

（7）おいしそうなケーキですね。では、（召しあがります／いただきます）。

（8）田中さんを（存じていますか／ご存知ですか）。

もんだいⅤ 例を見て書きましょう。

（例）　A：お名前は？

　　　　B：ワン　ミンと＿申します。＿

（1）　A：こちらは田中さんです。前に一度会っていますね。

　　　　B：はい、＿＿＿＿＿＿＿＿＿＿＿。

（2）　A：パーティー会場は東京ホテルです。場所はわかりますか。

　　　　B：はい、＿＿＿＿＿＿＿＿＿＿＿。

（3）　A：あのう…、その資料をちょっと＿＿＿＿＿＿＿＿＿＿よろしいですか。

　　　　B：ああ、これね。どうぞ見てください。

第17課（練習2）

もんだいI 例を見て書きましょう。

（例） A：この傘、（借りてもいいですか）。 → お借りしてもいいですか
B：はい、どうぞ。

（1） A：お名前は？
B：ワン ミンと（言います）→ ＿＿＿＿＿＿＿＿＿＿。
A：お国はどちらですか。
B：中国から（来ました）→ ＿＿＿＿＿＿＿＿＿＿。
A：そうですか。

（2） A：すみません、ちょっとわからないので、
　　　（聞いても）→ ＿＿＿＿＿＿＿＿＿もよろしいですか。
B：ええ、なんでも聞いてください。

（3） A：すみません、（お水をもらえますか）→ ＿＿＿＿＿＿＿＿＿＿。
ちょっと、のどがかわいたので…。
B：じゃ、（コーヒーでも入れましょう）→ ＿＿＿＿＿＿＿＿＿＿。

（4） A：パーティー会場は東京ホテルです。
　　　場所は（知っていますか）→ ＿＿＿＿＿＿＿＿＿か。
B：はい、前に行ったことがありますから。

（5） A：社長、（食事はどうしますか）。→ ＿＿＿＿＿＿＿＿＿＿。
B：うん、時間もないし、ここで食べよう。
A：わかりました。では、（今、用意します）→ ＿＿＿＿＿＿＿＿＿＿。

もんだいII 文を読んで答えましょう。

＜会社訪問で部長と面接する＞
山本：失礼します。東和大学の山本次郎と（例：　申します　）。2時に中田部長と
　　　（ア．　お目にかかる　）ことになっておりまして、（イ．　参りました　）。
社員：はい、山本様ですね。どうぞ中でお待ちください。

部長：あっ、どうも、こんにちは。山本君ですね。
山本：はい、はじめまして。今日はお忙しいのに、ありがとうございます。
部長：君は、鈴木君の大学の後輩だそうですね。
山本：はい、そうです。鈴木先輩から、こちらの会社を紹介していただきました。
部長：君は、この会社のデザイン部に入りたいと聞きましたが、それはどうしてですか。
山本：はい、わたしは広告のデザインに興味があります。前から勉強してきましたが、今日はわたしが作った広告を持ってきました。ちょっと（ウ．　ご覧になって　）いただけますか。
部長：そうですか、じゃ、ちょっと見せてください。うーん、なかなかおもしろいですね。
山本：ありがとうございます。
部長：もう少し、くわしく見たいので、これをちょっと借りてもいいですか。またあとで、こちらから連絡します。
山本：わかりました。どうぞよろしくお願いいたします。

（1）ア～ウの言葉はどんな意味の言葉ですか。例を見て答えなさい。

　　　例．＿＿いいます＿＿　　ア．＿＿＿＿＿＿＿＿

　　　イ．＿＿＿＿＿＿＿＿　　ウ．＿＿＿＿＿＿＿＿

（2）山本さんは、どうしてこの会社を訪問することができましたか。

　　＿＿＿＿＿＿＿＿＿＿＿＿＿＿＿＿＿＿＿＿＿＿＿＿＿＿＿＿＿＿＿

（3）山本さんは、この会社でどんな仕事がしたいのですか。

　　＿＿＿＿＿＿＿＿＿＿＿＿＿＿＿＿＿＿＿＿＿＿＿＿＿＿＿＿＿＿＿

もんだいⅢ 文を書きましょう。

（1）大学へ行って受験の願書をもらってきましょう。何と言えばいいですか。

　　＿＿＿＿＿＿＿＿＿＿＿＿＿＿＿＿＿＿＿＿＿＿＿＿＿＿＿＿＿＿＿

（2）あなたは先生に相談したいことがあります。先生は今、事務所にいます。先生の都合を聞いて、相談の時間を約束してください。

　　＿＿＿＿＿＿＿＿＿＿＿＿＿＿＿＿＿＿＿＿＿＿＿＿＿＿＿＿＿＿＿

第18課（練習1）

もんだいⅠ 例を見て書きましょう。

（例）食べる／はじめる → ＿＿食べはじめる＿＿＿＿＿＿＿
（1）歩く／はじめよう → ＿＿＿＿＿＿＿＿＿＿＿＿＿＿
（2）話す／はじめる → ＿＿＿＿＿＿＿＿＿＿＿＿＿＿
（3）見る／おわらない → ＿＿＿＿＿＿＿＿＿＿＿＿＿＿
（4）する／つづけた → ＿＿＿＿＿＿＿＿＿＿＿＿＿＿
（5）飲む／つづけた → ＿＿＿＿＿＿＿＿＿＿＿＿＿＿
（6）書く／おわった → ＿＿＿＿＿＿＿＿＿＿＿＿＿＿
（7）読む／おわる → ＿＿＿＿＿＿＿＿＿＿＿＿＿＿

もんだいⅡ 例を見て書きましょう。

（例）トンネルを　出た→　出ると　　目の前に海が（　見えた　）。
（1）お酒を　飲んだ→＿＿＿＿＿＿　顔が（　　　　　　　）。
（2）スーパーへ　行った→＿＿＿＿＿＿＿＿　今日は（　　　　　　）。
（3）信号が青に　変わった→＿＿＿＿＿＿＿　音楽が（　　　　　　）。
（4）ボタンを　押した→＿＿＿＿＿＿＿　切符が（　　　　　　）。
（5）日本語が　上手になった→＿＿＿＿＿＿＿＿　友だちも（　　　　　　）。

```
見えました      休みでした      鳴りました
赤くなりました   出てきました    増えました
```

もんだいⅢ 例を見て書きましょう。

（例）花／アジサイ

　　A：この花、きれいですね。
　　B：それは＿アジサイという花＿ですよ。

（1）会社／ヤマト電気

　　A：＿＿＿＿＿＿＿＿＿＿をご存じですか。
　　B：はい、わたしの国でも有名です。

（2）人／田中さん

A：＿＿＿＿＿＿＿＿＿＿は、どの人でしょうか。

B：ほら、あそこ。今、電話をかけている人ですよ。

（3）料理／肉じゃが

A：＿＿＿＿＿＿＿＿＿＿は、おいしいんですか。

B：ええ、日本の家庭料理で、みんなが好きな料理です。

（4）コンビニ／ローソン

A：＿＿＿＿＿＿＿＿＿＿は、最初アメリカの牛乳屋さんだったんですよ。

B：へーっ！ そうなんですか。知らなかった。

（5）スポーツ／クリケット

A：＿＿＿＿＿＿＿＿＿＿を知っていますか。

B：ああ、知っています。野球に近いスポーツですね。

もんだいⅣ 文を書きましょう。

（例）木村さん／会社／やめます　→話を聞いた

　　　木村さんが会社をやめるという話を聞きました。

（1）母／日本／来ます　→電話がきました

＿＿＿＿＿＿＿＿＿＿＿＿＿＿＿＿＿＿＿＿＿＿＿＿

（2）山田先生／中国／行きます　→話は本当ですか

＿＿＿＿＿＿＿＿＿＿＿＿＿＿＿＿＿＿＿＿＿＿＿＿

（3）彼女／外国／仕事／します　→夢があります

＿＿＿＿＿＿＿＿＿＿＿＿＿＿＿＿＿＿＿＿＿＿＿＿

（4）あなた／海／子ども／助けました　→記事を新聞で見て驚いたよ

＿＿＿＿＿＿＿＿＿＿＿＿＿＿＿＿＿＿＿＿＿＿＿＿

（5）この駅／急行電車／止まるようになる　→うわさを聞いた

＿＿＿＿＿＿＿＿＿＿＿＿＿＿＿＿＿＿＿＿＿＿＿＿

第18課（練習2）

もんだいⅠ 例を見て書きましょう。

(例) 日本（ へ ） <u>着くと</u> 空港に学校の先生が迎えに来ていた。

(1) ドア（　　）＿＿＿＿＿＿、もうパーティーは始まっていた。

(2) 名前（　　）＿＿＿＿＿＿、その犬は走ってきた。

(3) 公園（　　）＿＿＿＿＿＿、子どもたちがサッカーの試合をしていた。

(4) うち（　　）＿＿＿＿＿＿、国から手紙が届いていた。

もんだいⅡ 「～はじめる」「～おわる」「～つづける」を使って書きましょう。

(例) 午後です。雨が降っています。午前中は降っていませんでした。

→ 午後になって雨が、<u>降りはじめました</u>。

(1) キムさんにレポートは「もう書きましたか」と聞いたら、
「昨日もう書いてしまいました」と答えました。

→ キムさんはレポートを、＿＿＿＿＿＿＿＿＿＿＿＿＿＿。

(2) わたしはこの本を先月買いましたが、忙しかったので、読めませんでした。
やっと、昨日から読んでいます。

→ わたしはこの本を昨日から、＿＿＿＿＿＿＿＿＿＿＿＿＿＿。

(3) 今回の試験はだめでしたが、また受けます。そして、その次の試験もだめでもまた受けます。わたしは絶対に合格したいです。

→合格するまで試験を＿＿＿＿＿＿＿＿＿＿＿＿＿＿。

もんだいⅢ 例を見て書きましょう。

(例) ニュース 「Aチームが優勝しました。」

→ <u>Aチームが優勝したというニュースを見ました</u>。

(1) 話「パクさんがアメリカへ留学します」

キムさんから、＿＿＿＿＿＿＿＿＿＿＿＿＿＿＿＿＿＿。

(2) メール「大学に合格しました」

国の友だちから、＿＿＿＿＿＿＿＿＿＿＿＿＿＿＿＿＿。

(3) 電話「6時ごろ駅に着きます」

スタットさんから、＿＿＿＿＿＿＿＿＿＿＿＿＿＿＿＿。

もんだいⅣ 文を読んで答えましょう。

文化

日本には、「謙遜する」という言葉があります。

難しい漢字ですが、言葉の意味は簡単です。例えば、本当は上手なのに、「あまり上手ではありませんが…」と言ったり、自信があるのに「心配です」と言ったり、買ってきたお土産を渡すときに、「　①　」と言ったりすることです。一番わかりやすいのが、相手にほめられたのに、「ありがとう」ではなくて、「いやいやまだまだです」や「いえいえ全然」と答えることです。

日本に住み（　②　）外国人は、はじめは日本人がはっきりと（③自分の考えを言いません）、「自分は嫌われている」と思ってしまうそうです。

「自己主張する」という言葉は、「自分の考えをはっきり言う」という意味です。これはとても大事なことですが、日本人の心には、昔から「謙遜」という言葉が伝えられているので、（④それ）が強すぎると、相手に悪く思われてしまうことがあるのです。

（1）「　①　」に入る答えはどれですか。

　a. とてもおいしいですから。
　b. お土産ではありませんけど。
　c. つまらないものですけど。

（2）（　②　）にはどれが入りますか。

　a. はじめた　　b. つづけた　　c. おわった

（3）③を「〜と」、の形になおしましょう。

　はっきりと_____と、

（4）④（それ）は「謙遜」、「自己主張」どちらですか。_____

もんだいⅤ 文を書きましょう。

（1）「〜という」を使って文を作りましょう。

_____

（2）「〜と、…」を使って文を作りましょう。

_____

第19課（練習1）

もんだいⅠ 例を見て書きましょう。

（例）読みます	読ませます	（8）帰ります	
（1）歩きます		（9）食べます	
（2）話します		（10）止めます	
（3）手伝います		（11）調べます	
（4）座ります		（12）覚えます	
（5）書きます		（13）出します	
（6）走ります		（14）来ます	
（7）飲みます		（15）します	

もんだいⅡ 絵を見て答えましょう。

（例）わたしは孫に毎日（ 肩 ）を ＿＿たたかせています＿＿。
（1）車が（　　　）したので弟に ＿＿＿＿＿＿＿＿。
（2）コーチは選手に（　　　）を ＿＿＿＿＿＿＿＿。
（3）先生は学生に（　　　）を ＿＿＿＿＿＿＿＿。
（4）母親は子どもに（　　　）を ＿＿＿＿＿＿＿＿。

肩　　グラウンド　　教室　　故障　　にんじん

もんだいⅢ 文を書きましょう。

（例）先生 → 学生　「本を読みなさい」
　　　先生は学生に本を読ませました。
（1）事務所の人 → 学生　「住所と電話番号を書きなさい」
　　　＿＿＿＿＿＿＿＿＿＿＿＿＿＿＿＿＿＿＿＿

（2）部長 → スタットさん 「資料をコピーしなさい」
　　＿＿＿＿＿＿＿＿＿＿＿＿＿＿＿＿＿＿＿＿＿＿＿

（3）母 → 弟 「薬を飲みなさい」
　　＿＿＿＿＿＿＿＿＿＿＿＿＿＿＿＿＿＿＿＿＿＿＿

（4）先生 → 学生 「日本語で作文を書きなさい」
　　＿＿＿＿＿＿＿＿＿＿＿＿＿＿＿＿＿＿＿＿＿＿＿

もんだいⅣ 例を見て書きましょう。

（例）リーさん→みんな （ 笑いました ）
　　→　リーさんはみんなを笑わせました。
（1）子ども→親 （心配しました）→ ＿＿＿＿＿＿＿＿＿＿
（2）わたし→彼女 （怒りました）→ ＿＿＿＿＿＿＿＿＿＿
（3）学生→先生 （喜びました） → ＿＿＿＿＿＿＿＿＿＿
（4）友だち→わたし （おどろきました）
　　　　　　　　　　　　　　　→ ＿＿＿＿＿＿＿＿＿＿

もんだいⅤ 文を書きましょう。

（例1）今日は早く帰りたいです。お願いします。
　　→　今日は早く帰らせてください。
（例2）ここで待ちたいです。いいですか。
　　→　ここで待たせていただけますか。
（例3）わたしは笑いたくないです。
　　→　わたしを笑わせないでください。
（1）部長の仕事を手伝いたいです。お願いします。
　　＿＿＿＿＿＿＿＿＿＿＿＿＿＿＿＿＿＿＿＿＿＿＿

（2）そのカタログが見たいです。いいですか。
　　＿＿＿＿＿＿＿＿＿＿＿＿＿＿＿＿＿＿＿＿＿＿＿

（3）ちょっと、ここで休みたいです。お願いします。
　　＿＿＿＿＿＿＿＿＿＿＿＿＿＿＿＿＿＿＿＿＿＿＿

（4）わたしはびっくりしたくないです。
　　＿＿＿＿＿＿＿＿＿＿＿＿＿＿＿＿＿＿＿＿＿＿＿

第19課（練習2）

もんだいI 例を見て書きましょう。

（例1）ご飯をたべます
　　　母親（ は ）子ども（ に ）ご飯（ を ）__食べさせ__ます。

（例2）学校へ行きます
　　　母親（ は ）子ども（ を ）学校（ へ ）__行かせ__ます。

（1）仕事を手伝います
　　　部長（　　）今井さん（　　）仕事（　　）_____ました。

（2）泣きます
　　　姉（　　）妹（　　）_____ました。

（3）宿題をします
　　　父（　　）弟（　　）宿題（　　）_____ました。

（4）早く帰ります
　　　先生（　　）ワンさん（　　）早く_____ました。

（5）ピアノを習います
　　　母（　　）わたし（　　）ピアノ（　　）_____ました。

もんだいII どちらがいいですか。正しい方に〇を書きましょう。

（例）ワンさんが話しました。それを聞いて、みんなは笑いました。

　　　（みんなはワンさんに笑われました。／⦅ワンさんはみんなを笑わせました。⦆）

（1）「駅まで車で迎えに来てくれ。」と兄は言いました。わたしは行きました。
　　　（兄はわたしを迎えに来させました。／わたしは兄を迎えに来させました。）

（2）「ラジカセを事務室へ持っていって。」と山田先生がリーさんに言いました。
　　　（山田先生はリーさんにラジカセを事務室へ持って行かせました。／
　　　山田先生はリーさんにラジカセを事務室へ持って来させました。）

（3）「今日は残業してくれないか。」と課長は部下に言いました。
　　　（部下は課長に残業を頼まれました。／課長は部下に残業を頼ませました。）

もんだいIII 文を読んで答えましょう。

カルロスさんが山田先生に電話をかけました。（1）～（4）のところに、下のa～dの中から正しいものを選んで、入れてください。

山田先生：はい、もしもし。
カルロス：もしもし、山田先生ですか。カルロスです。こんにちは。
山田先生：ああ、カルロスさん、こんにちは。元気ですか。
カルロス：はい、元気です。先生、＿＿＿（1）＿＿＿。
山田先生：何ですか。
カルロス：あの、＿＿＿（2）＿＿＿。
山田先生：え、わたしをですか。ちょっとはずかしいなあ。
カルロス：先生が大学生のときの話とか、外国に行ったときの話をぜひ紹介したいんです。
山田先生：ははは、そうですか。じゃあ、いいですよ。
カルロス：そうですか。ありがとうございます。では、＿＿＿（3）＿＿＿。
山田先生：はい、わかりました。
カルロス：先生、本当にありがとうございます。では、＿＿＿（4）＿＿＿。
山田先生：どういたしまして。じゃ、連絡を待っていますよ。
カルロス：はい、では、失礼します。
山田先生：はい、さようなら。

a. 今度、わたしとわたしの友だちで、先生にインタビューをさせていただきたいんですが、いいですか。
b. わたしたちは留学生の雑誌を作っているんですが、その雑誌で、山田先生を紹介させていただきたいんです。
c. また　ご連絡します。
d. 実は、お願いがあって、お電話しました。

（1）＿＿＿＿　（2）＿＿＿＿　（3）＿＿＿＿　（4）＿＿＿＿

第20課（練習1）

もんだいⅠ 例を見て書きましょう。

(例) 買います	買わせる	買われる	買わせられる
(1) 言います			
(2) 読みます			
(3) 座ります			
(4) 立ちます			
(5) 謝ります			
(6) 手伝います			
(7) 調べます			
(8) やめます			
(9) 着ます			
(10) 見ます			
(11) 来ます			
(12) します			

もんだいⅡ 文を書きましょう。

(例) 母 → わたし （ピアノを習わせました）
　　　わたしは母にピアノを習わせられました。

(1) 先生 → 学生 （漢字を書かせました）
_____

(2) 部長 → 田中さん （仕事を手伝わせました）
_____

(3) 医者 → 父 （お酒をやめさせました）
_____

(4) 店長 → わたし （重い荷物を運ばせました）
_____

(5) 母 → 妹 （お皿を洗わせました）
_____

（6）友だち → 彼女　（1時間待たせました）
　　＿＿＿＿＿＿＿＿＿＿＿＿＿＿＿＿＿＿＿＿＿＿＿＿＿＿＿＿＿＿＿

もんだいⅢ どれがいいですか。○を書きましょう。
（例）アルバイトの学生に（やめられて／やめさせて／やめさせられて）
　　　店は忙しくて大変だ。
（1）ビルさんがおもしろい話をしたので、
　　　みんなは（笑われた／笑わせた／笑わせられた）。
（2）社長、ご心配なさらないでください。
　　　あとはわたしの部下に（させます／されます／させられます）から。
（3）昨日のパーティーは、みんなの前で（歌われて／歌わせて／歌わせられて）
　　　困ったよ。
（4）わたしは子どものとき、魚が嫌いでしたが、
　　　　　　　　　よく母に（食べられ／食べさせ／食べさせられ）ました。
（5）満員電車で毎日人に（押されて／押させて／押させられて）大変です。
（6）先生は学生たちに花を（プレゼントされて／プレゼントさせて／
　　　プレゼントさせられて）本当にうれしそうでした。

もんだいⅣ 例を見て書きましょう。
（例）お母さん、わたし、ピアノが習いたいの。
　　　だからお願い、＿習う　→習わせて＿よ！
（1）今日は頭が痛いので、早く＿帰ります→＿＿＿＿＿＿＿ください。
（2）わたしは母に部屋を＿掃除します→＿＿＿＿＿＿＿ました。
（3）サッカーの練習のとき、いつもコーチに＿しかります→＿＿＿＿＿＿＿
　　　ますが、昨日は＿ほめます→＿＿＿＿＿＿＿て、うれしかった。
（4）来週試験があるから、勉強したいと言っても、
　　　店長はアルバイトを＿休みます→＿＿＿＿＿＿＿くれませんでした。

第20課（練習2）

もんだいI 例を見て書きましょう。

（例）部長はスタットさんをシンガポールへ　出張します→　出張させ　ました。

（1）小学校のときの先生は厳しくて、
　　　　　　　　　　たくさん　勉強します→＿＿＿＿＿＿ました。

（2）わたしは先輩に、よく仕事を　頼みます→＿＿＿＿＿＿ます。

（3）監督は選手たちに日曜日も朝から　練習します→＿＿＿＿＿＿ました。

（4）おもしろいテレビを見ていたのに、
　　　　　　　　　　母に買物に　行きます→＿＿＿＿＿＿ました。

もんだいII 例を見て書きましょう。

（例）わたしは先輩に仕事を　頼まれました　。

（1）この本は、世界中の人に＿＿＿＿＿＿ています。

（2）わたしは先生に名前を＿＿＿＿＿＿て、びっくりしました。

（3）子どものとき、母に水泳を＿＿＿＿＿＿ました。

（4）嫌いな食べ物も全部＿＿＿＿＿＿ました。

（5）わたしは子どものとき、よく妹を＿＿＿＿＿＿ました。

（6）この寺は、木で＿＿＿＿＿＿います。

（7）この祭は、ずっと昔からこの町で＿＿＿＿＿＿います。

（8）新年会で歌を＿＿＿＿＿＿困りました。

（9）駅の階段で、後ろから＿＿＿＿＿＿転んでしまいました。

（10）お金がないのに、食事代を＿＿＿＿＿＿しまいました。

頼みます	食べます	払います	読みます
習います	呼びます	泣きます	行います
押します	歌います	建てます	

もんだいⅢ 文を読んで答えましょう。

今井さんと道子さんの子どものときの話を聞いてみましょう。

＜今井さんの話＞

　僕は遊ぶのが大好きな子どもでした。今日学校が終わったら、友だちと何をして遊ぶか、いつも考えていました。毎日楽しかったですね。でも、学校ではよく宿題を忘れて、先生に怒られました。そして、先生に教室の掃除をさせられたり、作文を書かせられたりしました。そのときは、遊ぶ時間が短くなって、がっかりしましたね。

＜道子さんの話＞

　わたしは子どものとき、水泳クラブに通っていました。母に「勉強だけではなくて、運動もしたほうがいいですよ」と言われて、水泳を習わせられたんです。はじめは泳ぐことができなくて、大変でした。水泳の先生は厳しくて、たくさん練習させられました。水泳が大嫌いでしたが、だんだん泳げるようになって、おもしろくなりました。今では、水泳はわたしの趣味です。

（問）（　）の中の正しいほうに○をつけましょう。

（1）宿題を忘れたとき、今井さんは先生に（怒らせました／怒られました）。今井さんは先生に掃除を（させました／させられました）。そして、先生に作文を（書かせました／書かせられました）。

（2）道子さんはお母さんに「水泳を習いなさい」と（言われました／言わせられました）。水泳の先生にたくさん（泳がせて／泳がせられて）、はじめは水泳が嫌いでしたが、今は水泳が好きになりました。

もんだいⅣ 文を書きましょう。

（問）もし自分に子どもが生まれたら、どんなことをさせたいですか。

_____

_____

復習テスト（4）

得点　　／100

Ⅰ （　）に言葉を入れて正しい文にしましょう。　　　　　（1点）

例：初めてなのに、（　なかなか　）上手ですね。

1. わたしも（　　　　　）大学に合格しました。
2. （　　　　　　）3時ですから、お茶にしましょう。
3. わからないことがあれば、（　　　　　）質問してください。
4. もう11月ですね、これから（　　　　　）寒くなりますよ。
5. 帰国するか進学するか（　　　　　）考えて決めます。
6. このコーヒーは（　　　　　）甘すぎます。
7. きのう、両親に（　　　　　）相談しました。

```
なかなか　　ちょっと　　やっと　　そろそろ
だんだん　　いろいろ　　どんどん　　じっくり
```

Ⅱ 文を書きましょう。　　　　　（2点）

例：風邪をひきました／学校／休みたいです
　　風邪をひいたので、学校を休ませてください。

1. あした／早く／家／帰りたいです
　　_____

2. 疲れました／少し／休みたいです
　　_____

3. レポート／書きます／パソコン／使いたいです
　　_____

4. わたし／心配したくないです
　　_____

5. ワンさん／ここ／待ちたいです
　　_____

6. 毎日／同じ話／言いたくないです
　　_____

III 正しいものを選んで、＿＿にa.b.c.d.を書きましょう。　　（2点）

例：これは＿a＿という日本料理です。

    a. てんぷら　　　b. てんぷらだ　　　c. てんぷらです　　　d. てんぷらな

1. 昨日、勉強した＿＿＿もう忘れました。

    a. のに　　　b. ので　　　c. なら　　　d. のが

2. ＿＿＿いう日本語の意味を教えてください。

    a. 一生懸命　　　b. 一生懸命だ　　　c. 一生懸命で　　　d. 一生懸命と

3. スタットさんが国に＿＿＿という話を聞きましたか。

    a. 帰りました　　　b. 帰った　　　c. 帰って　　　d. 帰りません

4. テレビ＿＿＿あの店が一番安いです。

    a. のに　　　b. ので　　　c. なら　　　d. のが

5. たくさん食べた＿＿＿もう食べられません。

    a. のに　　　b. ので　　　c. なら　　　d. のが

6. この服を着て＿＿＿もいいですか。

    a. みる　　　b. する　　　c. して　　　d. みて

7. 昨日、給料を＿＿＿ばかりです。

    a. もらい　　　b. もらった　　　c. もらう　　　d. もらいました

8. このケーキはあまり＿＿＿。

    a. 甘いです　　　b. 甘かったです　　　c. 甘くありません　　　d. 甘いありません

9. 日本に来て、寿司が＿＿＿ようになりました。

    a. 食べます　　　b. 食べて　　　c. 食べられる　　　d. 食べです

10. 彼はぜんぜん＿＿＿と思います。

    a. 悪くない　　　b. 悪い　　　c. 悪かった　　　d. 悪くないです

11. わたしは日本に来て1年に＿＿＿。

    a. あります　　　b. なります　　　c. します　　　d. います

12. 今日中に＿＿＿。

    a. ご届けいたします　　　b. ご届けさしあげます

    c. お届にいたします　　　d. お届けいたします。

13. マラソンの途中で、突然雨が＿＿＿。

    a. 降りおわりました　　　b. 降りはじめました

    c. 降っていました　　　d. 降っていきました

14. お茶＿＿＿飲んで、少し休みませんか。

 a. しか b. でも c. なら d. で

15. ＿＿＿ら、その本を貸してください。

 a. 読みおわった b. 読みはじめた
 c. 読みつづけた d. 読んでいた

IV 例を見て、同じ意味の文を二つ書きましょう。　　　（各2点）

例：（ 母 → わたし ／ 魚を食べます ）

（1） 母はわたしに魚を食べさせます＿＿＿＿＿＿＿＿＿＿
（2） わたしは母に魚を食べさせられます＿＿＿＿＿＿＿＿

1. (先生 → 学生 ／ 辞書を買いました)

（1）＿＿＿＿＿＿＿＿＿＿＿＿＿＿＿＿＿＿＿＿＿＿＿＿
（2）＿＿＿＿＿＿＿＿＿＿＿＿＿＿＿＿＿＿＿＿＿＿＿＿

2. (医者 → 今井さん ／ 検査を受けました)

（1）＿＿＿＿＿＿＿＿＿＿＿＿＿＿＿＿＿＿＿＿＿＿＿＿
（2）＿＿＿＿＿＿＿＿＿＿＿＿＿＿＿＿＿＿＿＿＿＿＿＿

3. (友だち → わたし ／ 待ちました)

（1）＿＿＿＿＿＿＿＿＿＿＿＿＿＿＿＿＿＿＿＿＿＿＿＿
（2）＿＿＿＿＿＿＿＿＿＿＿＿＿＿＿＿＿＿＿＿＿＿＿＿

V 1. は尊敬表現、2. は謙譲表現にして書きましょう。（2点）

1. 例：社長はお酒を（飲みました → ＿めしあがりました＿）。
 (1) 社長はもうすぐ（来ます → ＿＿＿＿＿＿＿＿）。
 (2) 先生はどれに（します → ＿＿＿＿＿＿＿＿）か。
 (3) ゆっくりと（見てください → ＿＿＿＿＿＿＿＿）。

2. 例：わたしはお酒を（飲みました → ＿いただきました＿）。
 (1) 初めまして、田中と（言います → ＿＿＿＿＿＿＿＿）。
 (2) どうぞよろしくお願い（します → ＿＿＿＿＿＿＿＿）。
 (3) 中村は（いません → ＿＿＿＿＿＿＿＿）が、
   小野なら（います → ＿＿＿＿＿＿＿＿）。

VI 正しい会話になるように、□の中から正しい答えを選んで、
（ ）に書きましょう。　　　　　　　　　　　　　　　　（2点）

例：行ってきます。　　　　　　　　　　　　　　　（ C ）
1. いただきます。　　　　　　　　　　　　　　　（　）
2. 英語が話せますか。　　　　　　　　　　　　　（　）
3. 大学を卒業したらどうしますか。　　　　　　　（　）
4. 今日は警察がたくさんいますね。　　　　　　　（　）
5. その手紙、学校へ行く途中でわたしが出していきましょうか。（　）
6. 先週貸した本はどうでしたか。　　　　　　　　（　）
7. 曇ってますね、傘を持っていこうかな。　　　　（　）
8. あしたは9時に参りますので、よろしくお願いいたします。（　）

> a. いいえ、日本語しか話せません。
> b. 事故があったようですね。
> c. いってらっしゃい。
> d. 昨日読んでみました。とてもおもしろかったですよ。
> e. そうしていただけますか、ありがとうございます。
> f. 国に帰って会社を作るつもりです。
> g. はい、お待ちしております。
> h. どうぞ、めしあがれ。
> i. そうしたほうがいいですよ。お昼から雨が降るそうですから。

VII 文を読んで問に答えましょう。　　　　　　　　　　（3点）

> 例：ご客様 の 1.ごかけ になった電話番号は、現在使われて 2.いません。番号を 3.お確かめにして もう一度おかけ直しください。

問：＿＿＿の言葉を正しい言葉に書き直しましょう。

例：＿お客様＿

1. ＿＿＿＿＿＿＿＿＿＿＿＿＿＿＿＿
2. ＿＿＿＿＿＿＿＿＿＿＿＿＿＿＿＿
3. ＿＿＿＿＿＿＿＿＿＿＿＿＿＿＿＿

答案

第1課　(P 6～9)
(練習1)
もんだいⅠ：(1) あるので　(2) こわれたので　(3) わからないので　(4) 遠いので　(5) 誕生日なので　(6) ひまなので
もんだいⅡ：(1) 出したのに　(2) 待っているのに　(3) 高いのに　(4) 便利なのに　(5) 日曜日なのに
もんだいⅢ：(1) 今朝の新聞ならもう捨てましたよ。(2) キムさんなら今、コピーをとっています。(3) 山田さんなら昨日から出張しています。(4) ケーキならあの店が有名です。(5) 音楽ならジャズが好きです。(6) デザインの勉強ならフランスがいいでしょう。
もんだいⅣ：(1) のに　(2) ので　(3) なので　(4) なら　(5) のに　(6) なら
もんだいⅤ：(1) 朝ご飯を食べなかった (e)　(2) その映画なら (c)　(3) 病気が治ったので (g)　(4) 3時に約束したのに (b)　(5) 日本の生活なら (f)　(6) 部屋がきたないのに (d)

(練習2)
もんだいⅠ：(1) ので　(2) のに　(3) のに　(4) なら　(5) なら
もんだいⅡ：(1) 買ったのに　(2) 用事があるので　(3) 行ったのに　(4) 冬休みなので／冬休みの旅行なら　(5) あるので／昼ご飯なら
もんだいⅢ：(1) 古くて美しい町を見るのはおもしろいので、京都がいいと思っています。(2) 温泉に入ったり、景色を見たり、美術館に行ったりできます。(3) 飛行機で行くといいです。(4) 各自解答
もんだいⅣ：＊書くだけでなく、実際に発話してみましょう。

第2課　(P 10～13)
(練習1)
もんだいⅠ：(1) 話せます　(2) 立てます　(3) 泳げます　(4) 手伝えます　(5) 働けます　(6) 座れます　(7) 通れます　(8) 借りられます　(9) 食べられます　(10) 見られます　(11) 着られます　(12) あげられます　(13) 教えられます　(14) できます　(15) 来られます
もんだいⅡ：(1) ピアノがひけます　(2) 英語が話せません　(3) 馬に乗れません　(4) セーターが編めます　(5) お金が替えられます（両替できます）(6) 荷物が持てません
もんだいⅢ：(1) 出せます　(2) 会えます　(3) もらえます　(4) 飼えます　(5) 食べられます　(6) 起きられません　(7) 曲がれません　(8) 直せます
もんだいⅣ：(1) 聞けます／聞こえない　(2) 見えない／見られた　(3) 聞こえる／見える

(練習2)
もんだいⅠ：(1) お酒が飲めます　(2) 電話がかけられません　(3) だいたい食べられます　(4) 使えません　(5) 本が借りられません　(6) たばこが吸えません
もんだいⅡ：(1) コンビニ（で）買えますよ　(2) 豆腐（は）食べられます／納豆（は）食べられません　(3) 飛行機（に）乗れますか　(4) 運転（が）できます
もんだいⅢ：(1) 先生は駅へ行けないからです。(2) 家族（娘と妻）と東京に来ました。(3) ジョンさんの家族にも会えるからです。
もんだいⅣ：＊書くだけでなく、実際に発話してみましょう。

第3課　(P 14～17)
(練習1)
もんだいⅠ：(1) 歌おう　(2) 働こう　(3) 持とう　(4) 話そう　(5) 泳ごう　(6) 頑張ろう　(7) 飲もう　(8) 見よう　(9) 覚えよう　(10) 始めよう　(11) あげよう　(12) 信じよう　(13) 分けよう　(14) 質問しよう　(15) 来（こ）よう
もんだいⅡ：(1) 行こう　(2) 片付けよう　(3) 見よう　(4) 走ろう　(5) あやまろう　(6) 忘れよう　(7) 探そう
もんだいⅢ：(1) 来月から友だちと一緒に部屋を借りるつもりです。(2) 学校は絶対休まないつもりです。(3) 1年間で10kgやせるつもりです。(4) この机はまだ使えるので、捨てないつもりです。(5) 危ないから、バイクには乗らないつもりです。
もんだいⅣ：(1) 生まれる予定です　(2) 入る予定です

(3) あしたの出張は、朝9時出発の予定です
(4) 参加する予定です　(5) 行く予定です　(6) 建つ予定です　(7) 結婚する予定です

(練習2)
もんだいⅠ：(1) (に／で) 泊まるつもりです
(2) (に／へ) 登るつもりです　(3) (を) 紹介するつもりです　(4) (で) 送るつもりです　(5) (で) 待つつもりです　(6) (で) 通うつもりです
もんだいⅡ：(1) 飲もう　(2) 撮ろう　(3) つけよう　(4) 帰ろう　(5) 起きよう　(6) 止めよう　(7) 休もう
もんだいⅢ：(1) お父さんが病気になったからです。
(2) お父さんの病気が治ったら日本へ来るつもりです。
(3) 大学院へ入って勉強を続けようと思っています。
もんだいⅣ：＊書くだけでなく、実際に発話してみましょう。

第4課（P 18～21）
(練習1)
もんだいⅠ：(1) 出かけた　(2) 帰っていない
(3) 多い　(4) 好きな　(5) 病気の
もんだいⅡ：(1) 習ったことは忘れないように
(2) 約束の時間は守るように　(3) 外国人登録証はいつも持つように　(4) 嫌なことは考えないように　(5) この書類はなくさないように
もんだいⅢ：(1) 乗れるようになりました。　(2) 泳げるようになりました。　(3) 歌えるようになりました。　(4) できるようになりました。　(5) 出せるようになりました。
もんだいⅣ：(1) 時間に遅れないように　(2) 電話をかけるように　(3) 早く寝るように　(4) 準備運動をするように
もんだいⅤ：(1) している　(2) 付き合っている
(3) いない　(4) 風邪をひいた（風邪の）

(練習2)
もんだいⅠ：(1) 見るように　(2) 上手に／わかるように　(3) いいよう／運動するように／寝るように
もんだいⅡ：(1) いつでも使えるようになりました。
(2) 今日の会議は中止のようです。　(3) 落とさないようにしてください。　(4) 夜10時には寝るようにしています。　(5) なくさないようにします。
もんだいⅢ：(1) ①なりません　②ようになりません　③出す　④話せる　⑤聞くようにしましょう
(2) c
もんだいⅣ：＊書くだけでなく、実際に発話してみましょう。

第5課（P 22～25）
(練習1)
もんだいⅠ：(1) 読むな／読みなさい　(2) 座れ／座るな／座りなさい　(3) 返せ／返すな　(4) 急げ／急ぐな／急ぎなさい　(5) 着ろ／着るな／着なさい (6) 止めろ／止めるな／止めなさい　(7) 忘れろ／忘れなさい　(8) 考えろ／考えるな／考えなさい
(9) 来い／来るな　(10) しろ／するな／しなさい
もんだいⅡ：(1) 頑張れ／休むな　(2) 来い　(3) やめろ　(4) 走れ／行け
もんだいⅢ：(1)「ちゅうしゃきんし」／車を止めるな
(2)「ちこくげんきん」／遅れるな　(3)「にゅうしつきんし」／部屋に入るな　(4)「かいさつぐち」／ここから駅に入ったり、外に出たりしろ
(5)「きつえんしつ」／たばこを吸ってもいい部屋だ
(6)「ねんじゅうむきゅう」／1年中休みがない
もんだいⅣ：(1) 見せなさい　(2) 片付けなさい
(3) よく考えなさい　(4) そろそろ寝なさい
(5) 必ず来なさい
もんだいⅤ：(1) 復習しなさい　(2) 出しなさい
(3) しまいなさい　(4) 教えなさい

(練習2)
もんだいⅠ：(1) 寝ろ／起きろ　(2) 見ろ／直せ／急げ
(3) つくな／守れ／考えろ／頑張れ
もんだいⅡ：（問）○／×／○／×／○／×
もんだいⅢ：＊書くだけでなく、実際に発話してみましょう。

復習テスト (1)（P 26～29）
Ⅰ：1. が　2. が　3. に　4. で／を　5. と／に
Ⅱ：1. のに　2. なら　3. のに　4. なら　5. ので
6. なのに　7. なら　8. ので
Ⅲ：1. もらう　2. 引越す　3. やめる　4. 掃除しよう
5. 行かない　6. 見よう　7. 建てる　8. やせよう
9. 帰らない　10. 取る
Ⅳ：1. 先生は学生に「この言葉を覚えろ」と言いました。　2. わたしは友だちに「頑張れ」と言いました。　3. 部長はわたしに「お茶を出せ」と言いました。　4. 友だちはわたしに「だれにも言うな」と言いました。　5. 父はわたしに「好き嫌いをするな」と言いました。　6. 店長は店員に「もっと早くしろ」と言いました。　7. わたしは彼女に「もっと早く来い」と言いました。
Ⅴ：1. d　2. b　3. a　4. d
Ⅵ：1. 行こう／遊ぼう　2. 泳ごう／始めよう／頑張ろう　3. つけよう／行こう／しよう　4. 話す／わかる／続ける　5. 入り／終わって／し

第6課（P 30～33）
(練習1)
もんだいⅠ：(1) ロビーでたばこを吸ってきます。
(2) スーパーへ行ってきます（スーパーで買物してきます。）　(3) 先生に聞いてきます。（質問してきます。）
もんだいⅡ：(1) 髪を切っていきます（美容院へ行きます）　(2) 走っていきます

もんだいⅢ：(1) 家へ帰るとき、ビールを買ってきてください　(2) ここへ来るとき、本屋に寄ってきました
もんだいⅣ：(1) 走っていきます　(2) 帽子をかぶっていきます　(3) 急いでいきます
もんだいⅤ：(1) このカバンは古くても好きなので、10年間使ってきました　(2) 野球はわたしの趣味なので、子どものときからずっと続けてきました
もんだいⅥ：(1) 降ってきましたよ　(2) 治ってきました　(3) ねむくなってきた

（練習2）
もんだいⅠ：(1) タクシー（を）呼んできます。
(2) 図書館（で）本（を）借りてきます。
(3) 交番（で）道（を）聞いてきます。
もんだいⅡ：(1) 飲んできました　(2) 買ってきました　(3) 復習しました　(4) 聞いてきました　(5) 食べてきました
もんだいⅢ：(1) 勉強していく　(2) 研究していこ　(3) 頑張っていき
もんだいⅣ：(1) 父の国日本を見たかったからです　(2) はい、勉強してきました　(3) いいえ、漢字は苦手です。　(4) 学校へ行くとき、電車の中でCDを聞いていきます。
もんだいⅤ：*書くだけでなく、実際に発話してみましょう。

第7課　（P 34～37）
（練習1）
もんだいⅠ：(1) a. 進学のことを先生に相談してみてください　b. 進学のことを先生に相談してみます　(2) a. このCDを聞いてみてください　b. このCDを聞いてみます
もんだいⅡ：(1) a. 茶道を習ってみたいです　b. 茶道を習ってみようと思います　(2) a. 夏休みにオーストラリアへ旅行してみたいです　b. 夏休みにオーストラリアへ旅行してみようと思います
もんだいⅢ：(1) 行ってみたらどうですか　(2) 出てみたらどうですか　(3) 切ってみたらどうですか
もんだいⅣ：(1) このビデオはもう見てしまいました。(2) 宿題の作文はさっき書いてしまいました。(3) キムさんはもう帰ってしまいました。(4) 昨日の本は図書館へ返してしまいました。
もんだいⅤ：(1) 来月、友だちと旅行するので、ホテルを予約しておきます。(2) 来週、試験があるので、復習しておきます。(3) わたしの家でパーティーがあるので、料理を作っておきます。(4) 冷たいジュースを飲みたいので、冷蔵庫に入れておきます。
もんだいⅥ：(1) 終わってしまいました。(2) 会ってみたいです。(3) 残しておきます。(4) 治しておかないと

（練習2）
もんだいⅠ：(1) 飲んでみてください　(2) 掃除しておきます（片付けておきます）　(3) 使ってしまった　(4) 勉強しておかない／勉強しておきます
もんだいⅡ：聞いてみたら／入れておいた／探してみなさい（探してみよう）／しまっておかなければ（しまっておかないと）
もんだいⅢ：(間)×／○／○／○
もんだいⅣ：*書くだけでなく、実際に発話してみましょう。

第8課　（P 38～41）
（練習1）
もんだいⅠ：(1) 騒げば／騒がなければ　(2) 手伝えば／手伝わなければ　(3) 入れれば／入れなければ　(4) 見せれば／見せなければ　(5) すれば／しなければ　(6) 来（く）れば／来（こ）なければ　(7) やさしければ／やさしくなければ　(8) 暑ければ／暑くなければ　(9) よければ／よくなければ
もんだいⅡ：(1) お金があれば、旅行したいです。(2) あやまれば、きっと許してくれます。(3) 問題がわからなければ、先生に聞きましょう。(4) 暑ければ窓を開けてください。(5) 体の調子がよくなければ、休んでください。
もんだいⅢ：(1) 読めば読むほど　(2) 練習すればするほど　(3) 会えば会うほど　(4) 広ければ広いほど　(5) 高ければ高いほど
もんだいⅣ：(1) 友だちと住むなら引越したほうがいいでしょう。(2) このツアーに参加しないなら、わたしに連絡してください。(3) 熱があるなら、病院へ行きましょう。(4) 肉料理が嫌なら、魚料理にしましょうか。(5) シンガポールに行きたいなら、リーさんに聞くといいですよ。(6) 今日ひまでは（じゃ）ないなら、買物は日曜日に行きませんか。
もんだいⅤ：(1) 外へ行くなら帽子をかぶっていってください。(2) 2,000を5で割れば、400になります。

（練習2）
もんだいⅠ：(1) 4月になれば、あたたかくなります　(2) おもしろければ、みんな笑います　(3) 5時になれば、授業が終わります　(4) 薬を飲まなければ、風邪が治りません
もんだいⅡ：(1) 食べれば　(2) 嫌なら（嫌いなら）　(3) しあわせなら
もんだいⅢ：(1) とても小さいごみです。(2) 小さいことでも、それが集まれば、大きいものになるという意味です。(3) 省略
もんだいⅣ：*書くだけでなく、実際に発話してみましょう。

第9課　（P 42～45）
（練習1）
もんだいⅠ：(1) 机から本が落ちそうです。(2) 服

のボタンが取れそうです。　(3) 今日も暑くなりそうです。　(4) 道が混んでいないので、早く着けそうです。
もんだいⅡ：(1) 楽しそうです（うれしそうです）　(2) 眠そうです　(3) 元気そう
もんだいⅢ：(1) 彼は頭がよさそうですね。　(2) 彼女のお父さんはこわそうです。　(3) この映画はおもしろくなさそうよ。　(4) あしたのテストは簡単そうです。　(5) 彼は動物が好きでは（じゃ）なさそうです。
もんだいⅣ：(1) デートのために、レストランを予約します。　(2) 昔のことを知るために、歴史を勉強します。　(3) 手術のために、一週間入院することになりました。　(4) 日本の歌を覚えるために、カラオケに行きます。
もんだいⅤ：(1) 難しすぎて　(2) 狭すぎて　(3) 食べすぎて　(4) しすぎて

(練習2)
もんだいⅠ：(1) 優しそうなお母さんですね。　(2) 値段が高そうなかばんですね。　(3) 彼はまじめそうな人です。　(4) 彼女は大学に合格したのでうれしそうな声で、わたしに電話しました。　(5) 子どもは心配そうな顔で、見ています。
もんだいⅡ：(1) 事故のために　(2) なくしてしまったために　(3) 健康のために　(4) 手伝うために
もんだいⅢ：(問1) (1) B　(2) 話がおもしろそうだし、人気もありそうだからです　(問2) (1) A　(2) あまり甘くなさそうだからです

第10課　(P 46 ～ 49)
(練習1)
もんだいⅠ：(1) 割られます　(2) 休まれます　(3) 立たれます　(4) 喜ばれます　(5) 頼まれます　(6) 引っ張られます　(7) 書かれます　(8) 出されます　(9) 閉められます　(10) 寝られます　(11) 変えられます　(12) 決められます　(13) 届けられます　(14) 来（こ）られます　(15) されます
もんだいⅡ：(1) わたしはみんなに笑われました。　(2) わたしは友だちに助けられました。　(3) わたしは先生にしかられました。　(4) 運転手は警察官に注意されました。
もんだいⅢ：(1) わたしは母に買物を頼まれました。　(2) 彼女は木村さんに結婚を申し込まれました。　(3) 山田さんは部長に仕事を頼まれました。　(4) わたしはワンさんにお礼を言われました。
もんだいⅣ：(1) わたしは弟にパソコンをこわされました。　(2) わたしは先輩に名前を呼ばれました。　(3) わたしは子どもに書類をやぶられました。　(4) わたしは友だちに電子辞書をなくされました。　(5) わたしは馬に足をけられました。
もんだいⅤ：(1) 社員にやめられました。　(2) 泥棒に入られました。　(3) 大きい犬に吠えられました。　(4) 犯人が逃げました。　(5) 隣の人に押されました。　(6) 先生に質問されました。　(7) 客に来（こ）られました。　(8) 赤ちゃんに泣かれました。

(練習2)
もんだいⅠ：(1) しかられた　(2) 頼まれた　(3) 押される（押されます）　(4) ほめられ
もんだいⅡ：(1) わたしは友だちに大切なカメラをこわされて　(2) リーさんはみんなに見送られて　(3) スタットさんはビルさんに急に呼ばれて
もんだいⅢ：(1) ①受身　②可能　③可能　④受身　(2) 客席にたくさんお客さんがいたので（から）、緊張しました。　(3) わたしは、いろんな年齢の人に愛されるような歌手になりたいです。
もんだいⅣ：＊書くだけでなく、実際に発話してみましょう。

復習テスト (2)　(P 50 ～ 53)
Ⅰ：1. 生活してきました。　2. 買物してきます。　3. 吸ってきます。　4. 専念してきました。　5. 勉強してきました。　6. 作っていきました。　7. 食べてきました。　8. 持っていってください。　9. 痛くなってきました。　10. 行ってきます。
Ⅱ：1. b　2. b　3. c　4. b　5. a
Ⅲ：1. b　2. a　3. c　4. b　5. d　6. d　7. a　8. b　9. a　10. d　11. c
Ⅳ：1. 京都へ行ってみたらどうですか。　2. この日本酒を飲んでみたらどうですか。　3. 定期券を買ってみたらどうですか。　4. こちらの服を着てみたらどうですか。　5. 留学生センターに(で)聞いてみたらどうですか。
Ⅴ：1. おきました　2. みたい　3. しまいました　4. しまった　5. おいて　6. しまいました　7. しまった　8. しまいました
Ⅵ：1. あの注射は痛そうです。(痛さ)　2. この服は小さすぎて着られません。(小さい)　3. 事故のために道が渋滞しました。(事故)　4. 学校に遅刻しそうです。(遅刻す)　5. 彼女は頭がいいそうです。(いさ)　6. 大学に合格するために勉強します。(合格した)　7. 昨日飲みすぎたので、気持ちが悪いです。(飲ん)　8. この料理は高すぎて食べられません。(高い)

第11課　(P 54 ～ 57)
(練習1)
もんだいⅠ：(1) 来週、卒業式が行われます。　(2) 4年に1度、オリンピックが開かれます。　(3) ドイツで彼の作品が演奏されました。　(4) いろいろな国で日本のアニメが見られています。　(5) この研究所で新しい薬が開発されています。　(6) 外国からいろいろな食べ物が輸入されています。
もんだいⅡ：(1) 日本酒は米から作られています。

(2) 化粧品は石油から作られています。 (3) あの建物は石で建てられました。

もんだいⅢ：(1) インターネットはたくさんの人に利用されています。 (2) 今、日本で中国や韓国の映画がよく見られています。 (3) 電話はグラハム・ベルによって発明されました。 (4) フロッピーディスクは日本人研究者によって発明されました。 (5) 世界中で日本のアニメが放送されています。 (6) 電子辞書はたくさんの人に使われています。

もんだいⅣ：(1) 輸入され (2) 歌われ (3) 使われ

（練習２）

もんだいⅠ：(1)（が）建てられます (2)（から）作られます (3)（に）使われ (4)（が）盗まれ (5)（は）こわされる (6)（に）輸出され

もんだいⅡ：(1) 家の近所に建てられたマンションは家賃がとても高いです。 (2) おいしい日本酒はいい米といい水から作られます。 (3) 電子辞書はたくさんの留学生たちに利用されています。 (4) このパソコンの部品はすべて中国で製造されています。 (5) 今日、内閣から来年度予算が発表されました。

もんだいⅢ：(1) ①われて ②され ③られた ④まれ ⑤た ⑥されました ⑦された (2) b

もんだいⅣ：＊書くだけでなく、実際に発話してみましょう。

第12課 （P58～61）
（練習１）

もんだいⅠ：(1) やめるそうです／やめないそうです (2) 受けるそうです／受けないそうです (3) わかるそうです／わからないそうです (4) 来（く）るそうです／来（こ）ないそうです (5) 頼むそうです／頼まないそうです (6) 引越すそうです／引越さないそうです (7) 出かけるそうです／出かけないそうです (8) 静かだそうです／静かでは（じゃ）ないそうです (9) おいしいそうです／おいしくないそうです (10) 痛かったそうです／痛くなかったそうです

もんだいⅡ：(1) あの映画はとてもおもしろいそうです (2) 京都の旅行は楽しかったそうです (3) パクさんはＡクラスの新しい学生だそうです (4) キムさんのおじいさんは若いとき、歌手だったそうです (5) ワンさんは元気だそうです (6) 昨日は風邪でパーティーへ行かなかったそうです

もんだいⅢ：(1) 結婚したそうです (2) 体操しているそうです (3) 海へ行ったそうです／きれいでは（じゃ）なかったそうです

もんだいⅣ：(1) 彼がパーティーに来（く）るかどうか、聞いていますか。 (2) この本が借りられるかどうか、わかりますか。 (3) 来週、進学説明会があるかどうか、わかりますか。 (4) 忘れ物が届いているかどうか、調べてもらえますか。 (5) ワンさんがどこへ引越したか、知っていますか。 (6) 待ち合わせの場所がどこに変わったか、聞いていますか。

（練習２）

もんだいⅠ：(1) 来ない (2) やめた (3) 覚えている (4) 着く

もんだいⅡ：(1) 国際会議は京都で開かれるそうです。 (2) この試合はいろいろな国で放送されます。

もんだいⅢ：(1) 降るそうです (2) 話せるかどうか (3) 利用されています

もんだいⅣ：(1) c (2) b (3) d

もんだいⅤ：＊書くだけでなく、実際に発話してみましょう。

第13課 （P62～65）
（練習１）

もんだいⅠ：(1) 来週国の友だちが来（く）る (2) あしたの天気はくもり (3) ここは昔、海だった (4) あの歌手は韓国で有名 (5) ワンさんは国で頑張っている (6) あの映画はおもしろい

もんだいⅡ：(1) デパートへ行く (2) 映画を見る (3) ゲームをする

もんだいⅢ：(1) 着く (2) 効く (3) いない (4) いい

もんだいⅣ：(例)(1) 中国語が話せないはずがありません (2) 教室にはだれもいるはずがありません (3) 今日は試合に出られるはずがありません (4) いないはずがありません …など。

もんだいⅤ：(1) 彼だったら店の電話番号を知っているかもしれません。 (2) コンサートに行きたくても切符が買えないかもしれません。

（練習２）

もんだいⅠ：(1) 話せる（できる）らしい (2) 出る（発売される）らしい (3) やさしいらしい／行くらしい

もんだいⅡ：(1) 持っているはずだ (2) 勝てるはずだ (3) はけるはず

もんだいⅢ：(1) c (2) わからない (3) はずです (4) c

もんだいⅣ：＊書くだけでなく、実際に発話してみましょう。

第14課 （P66～69）
（練習１）

もんだいⅠ：(1) 朝ご飯を食べないことがあります (2) お酒を飲むことがあります (3) 朝、起きられないことがあります (4) 行くことがあります (5) かからないことがあります (6) 忘れてしまうことがあります

もんだいⅡ：(1) 家から駅まで歩くことにします（歩いて行くことにします）。 (2) 休日は家族と出かける（遊ぶ、すごす）ことにします。 (3) 国の両親に手紙を書く（出す）ことにします。

もんだいⅢ：(1) 米から作られる　(2) コンビニで買える　(3) 生まれた　(4) 旅行する
もんだいⅣ：(1) 病院へ行くことにします。　(2) こわされることになりました。　(3) 外へ出かけることにします。　(4) 来週鎌倉へ行くことになりました。
もんだいⅤ：(1) 中国語を教えることになりました　(2) パーティーをすることになりました　(3) 日本語でスピーチをすることになりました

(練習2)
もんだいⅠ：(1) 借りることが（貸してもらうことが）ある　(2) 食べないことにしています　(3) 行くことにしました　(4) 寝られないことがあります（眠れないことがあります）　(5) 始めることにした　(6) 行くことになりました
もんだいⅡ：(1) 鈴木さんは野球選手だったということを　(2) あの大学は学生がとても多いということを　(3) ヨーロッパへ旅行する人が増えているということを　(4) 昨日のコンサートはとてもよかったということを
もんだいⅢ：(1) いいえ、お金はかかりません。　(2) はい、初めての人も参加できます。　(3) いいえ、日本人も参加できます。　(4) ワン／ある／3名

第15課　(P 70～73)
(練習1)
もんだいⅠ：(1) a. 道子さんのお母さんが花をくださいました　b. 道子さんのお母さんに花をいただきました　(2) a. 校長先生がペンをくださいました　b. 校長先生にペンをいただきました　(3) a. 部長がお土産をくださいました　b. 部長にお土産をいただきました
もんだいⅡ：(1) お客様にお茶をいれてさしあげました　(2) わたしに漢字の読み方を教えてくださいました　(3) わたしは弟に時計を買ってやりました　(4) わたしに家族の写真を見せてくださいました
もんだいⅢ：(1) わたしは妹に本をやりました　(2) わたしは友だちのカルロスさんにプレゼントをあげました　(3) わたしはお客様にお茶を入れてさしあげました
もんだいⅣ：(1) 招待してくださいました　(2) 見せてくれました　(3) 手伝ってくれました　(4) 教えてもらいました　(5) 見ていただきました　(6) 紹介していただきました

(練習2)
もんだいⅠ：(1) わたしに手紙を書いてくださいました　(2) 娘に本を読んでやりました　(3) 妻に（ズボンに）アイロンをかけてもらいました　(4) 教授のかばんを持ってさしあげました
もんだいⅡ：(1) 持ってさしあげました　(2) 連れていってくださいました　(3) 教えてやりました　(4) 送ってさしあげました　(5) していただきました　(6) 書いてやりました（もらいました）　(7) いただきました　(8) 貸してくださった
もんだいⅢ：(1) ①に　②が　(2) ③いただきました　④いただいた　⑤くださいました　⑥くださいました　(3) (例) 本屋の店員さんが親切にしてくださって、とても嬉しかったから。
もんだいⅣ：＊書くだけでなく、実際に発話してみましょう。

復習テスト(3)　(P 74～77)
Ⅰ：1. は／に　2. に／か　3. で／が　4. の／を　5. で／に　6. に／の／に／と
Ⅱ：1. テレビのニュースによると、日本の新幹線が輸出されるそうです。　2. うわさによると、あの歌手は結婚するそうです。　3. 先生の話によると、あの大学の試験は難しくないそうです。　4. 友だちの話によると、この辺りはとても静かだそうです。　5. 母の話によると、若いころの父は格好よかったそうです。　6. 経済新聞によると、石油はまだ値下がりしないそうです。
Ⅲ：1. a　2. c　3. a　4. a　5. a　6. d　7. d　8. b　9. d　10. c
Ⅳ：1. 大豆から作られます。　2. 警察に捕まえられました。　3. たくさんの若者に歌われています。　4. ライト兄弟によって発明されました。　5. 2008年に北京でオリンピックが開かれます。　6. 来週この学校で留学試験が行われます。　7. 世界中でインターネットが使われています。
Ⅴ：1. 紹介していただいた　2. してさしあげたい　3. 教えてくださって
Ⅵ：1. 食べるらしい　2. 好きなはずがありません　3. 行くか／行くことにしました　4. 宣伝されたそうです　5. 出張することになりました／行けるかもしれません
Ⅶ：1. かもしれません　2. ために　3. こと　4. そう

第16課　(P 78～81)
(練習1)
もんだいⅠ：(1) 座られます　(2) 乗られます　(3) 通われます　(4) 泳がれます　(5) 歩かれます　(6) 会われます　(7) 読まれます　(8) 寝られます　(9) 始められます　(10) 借りられます　(11) 開けられます　(12) 見つけられます　(13) 着られます　(14) 来（こ）られます　(15) 卒業されます
もんだいⅡ：(1) 先生は何時ごろ帰られますか。　(2) お客様は、この靴を買われました。　(3) 部長は6時まで仕事を続けられました。　(4) 社長は来週まで海外へ出張されます。　(5) 校長先生は学生の前で、話を始められました。　(6) わたしが帰った後で、先輩が来（こ）られたそうですね。
もんだいⅢ：(1) お　(2) ご　(3) お　(4) お

(5) ご　(6) ご

もんだいⅣ：(1) こちらで少しお待ちください。(2) このペンをお使いください。(3) ここで靴をお脱ぎください。(4) ご注意ください。(5) ご連絡ください。

もんだいⅤ：(1) お帰りになり　(2) お待ちになって　(3) ご帰国になり　(4) ご卒業になり　(5) お読みになり

もんだいⅥ：(1) 召し上がりましたか　(2) いらっしゃいますか　(3) ご存じですか　(4) なさいますか

（練習2）

もんだいⅠ：(1) 社長からお電話がありました（ございました）。／どうされた（なさった）って？／ご予定通り到着されて（ご到着して）、今ホテルに入られた（お入りになった）そうです。(2) こちらにお座りください。(3) 甘いものをお食べになります（召し上がります）か。／ちょっとお待ちくださいね。(4) 奥様と日本へ来（こ）られた（いらっしゃった）んですよね。／もうどこかへ行かれましたか（いらっしゃいましたか）。(5) お一人（様）でお泊りになります（泊まられます）か。／こちらにお名前とご住所をお書きください。

もんだいⅡ：(1) b　(2) A. 召し上がってください　B. ご覧ください　C. いらっしゃってください（いらしてください）　D. おっしゃってください　E. お休みください

もんだいⅢ：(1) ＊書くだけでなく、実際に発話してみましょう。(2) a. すみません、山田先生はいらっしゃいますか。b. いつ（ごろ）お帰りになりましたか。c. 山田先生はあした、（こちらに）いらっしゃいますか。

第17課　(P 82～85)
（練習1）

もんだいⅠ：(1) お持ちし　(2) お送りし　(3) お会いし　(4) ご連絡し　(5) お手伝いし　(6) ご紹介し

もんだいⅡ：(1) お客様をご案内いたします。(2) （お）電話番号をお調べいたしましょう。(3) もう一度、ご説明いたしますね。(4) （お）荷物はあとでお届けいたします。(5) 結婚式にご招待いたします。

もんだいⅢ：(1) 先生の論文を拝見いたしました（しました）。(2) あした、必ず事務所へ参ります（うかがいます）。(3) ワンと申します。中国から参りました。(4) ここの掃除はわたしがいたします。(5) 寿司と天ぷらをいただきました。(6) 部長が入院されたことを存じておりません（存じません）でした。(7) 来年の春まで日本におります。(8) 先生にお目にかかりたいです。(9) わたしはコーヒーをいただきます。(10) 山本さんの転勤の話を部長からうかがいました。

もんだいⅣ：(1) ご招待します　(2) ご覧ください　(3) お送りします　(4) お教えいただけますでしょうか　(5) いらっしゃいますか　(6) ご出席になります　(7) いただきます　(8) ご存知ですか

もんだいⅤ：(1) お会いしました（お目にかかりました）(2) 存じています（存じております）(3) 拝見しても（見せていただいても）

（練習2）

もんだいⅠ：(1) 申します／参りました　(2) うかがって　(3) お水をいただけませんか／コーヒーでもお入れいたしましょう　(4) ご存知です　(5) 食事はどうされますか／今、ご用意いたします

もんだいⅡ：(1) ア．会います　イ．来ます（来ました）　ウ．見ます（見て）　(2) 鈴木先輩に紹介していただいたからです。(3) デザイン部に入って、広告のデザインの仕事がしたいです。

もんだいⅢ：（例）(1) すみません、受験の願書を1部いただけますか。（いただきに参りました。）など　(2) 先生、相談したいことがあるので、少しお時間をいただいてもいいですか。　など

第18課　(P 86～89)
（練習1）

もんだいⅠ：(1) 歩きはじめよう　(2) 話しはじめる　(3) 見おわらない　(4) しつづけた　(5) 飲みつづけた　(6) 書きおわった　(7) 読みおわる

もんだいⅡ：(1) 飲むと（赤くなった）　(2) 行くと（休みだった）　(3) 変わると（鳴った）　(4) 押すと（出てきた）　(5) 上手になると（増えた）

もんだいⅢ：(1) ヤマト電気という会社　(2) 田中さんという人　(3) 肉じゃがという料理　(4) ローソンというコンビニ　(5) クリケットというスポーツ

もんだいⅣ：(1) 母が日本に来（く）るという電話がきました。(2) 山田先生が中国に行くという話は本当ですか。(3) 彼女は外国で仕事をするという夢があります。(4) あなたが海で子どもを助けたという記事を新聞で見て驚いたよ。(5) この駅に（は）急行電車が止まるようになるといううわさを聞いた。

（練習2）

もんだいⅠ：(1) （を）開けると　(2) （を）呼ぶと　(3) （へ）行くと　(4) （へ）帰ると

もんだいⅡ：(1) 書きおわりました　(2) 読みはじめました　(3) 受けつづけます

もんだいⅢ：(1) パクさんがアメリカへ留学するという話を聞きました　(2) 大学に合格したというメールがきました　(3) 6時ごろ駅に着きますという電話がきました

もんだいⅣ：(1) c　(2) a　(3) はっきりと自分の考えを言わないと　(4) 自己主張

もんだいV：＊書くだけでなく、実際に発話してみましょう。

第19課　（P 90～93）
（練習1）

もんだいI：(1) 歩かせます　(2) 話させます　(3) 手伝わせます　(4) 座らせます　(5) 書かせます　(6) 走らせます　(7) 飲ませます　(8) 帰らせます　(9) 食べさせます　(10) 止めさせます　(11) 調べさせます　(12) 覚えさせます　(13) 出させます　(14) 来(こ)させます　(15) させます

もんだいII：(1)（故障）押させます　(2)（グラウンド）走らせます　(3)（教室）掃除させます　(4)（にんじん）食べさせます。

もんだいIII：(1) 事務所の人は学生に住所と電話番号を書かせました。　(2) 部長はスタットさんに資料をコピーさせました。　(3) 母は弟に薬を飲ませました。　(4) 先生は学生に日本語で作文を書かせました。

もんだいIV：(1) 子どもは親を心配させました。　(2) わたしは彼女を怒らせました。　(3) 学生は先生を喜ばせました。　(4) 友だちはわたしをおどろかせました。

もんだいV：(1) 部長の仕事を手伝わせてください。　(2) そのカタログを見させていただけますか。　(3) ちょっと、ここで休ませてください。　(4) わたしをびっくりさせないでください。

（練習2）

もんだいI：(1)（は）（に）（を）手伝わせ　(2)（は）（を）泣かせ　(3)（は）（に）（を）させ　(4)（は）（を）帰らせ　(5)（は）（に）（を）習わせ

もんだいII：(1) 兄はわたしを迎えに来(こ)させました。　(2) 山田先生はリーさんにラジカセを事務室へ持って行かせました。　(3) 部下は課長に残業を頼まれました。

もんだいIII：(1) d　(2) b　(3) a　(4) c

第20課　（P 94～97）
（練習1）

もんだいI：(1) 言わせる／言われる／言わせられる　(2) 読ませる／読まれる／読ませられる　(3) 座らせる／座られる／座らせられる　(4) 立たせる／立たれる／立たせられる　(5) 謝らせる／謝られる／謝らせられる　(6) 手伝わせる／手伝われる／手伝わせられる　(7) 調べさせる／調べられる／調べさせられる　(8) やめさせる／やめられる／やめさせられる　(9) 着させる／着られる／着させられる　(10) 見させる／見られる／見させられる　(11) 来(こ)させる／来(こ)られる／来(こ)させられる　(12) させる／される／させられる

もんだいII：(1) 学生は先生に漢字を書かせられました。　(2) 田中さんは部長に仕事を手伝わせられました。　(3) 父は医者にお酒をやめさせられました。　(4) わたしは店長に重い荷物を運ばせられました。　(5) 妹は母にお皿を洗わせられました。　(6) 彼女は友だちに1時間待たせられました。

もんだいIII：(1) 笑わせられた　(2) させます　(3) 歌わせられて　(4) 食べさせられ　(5) 押されて　(6) プレゼントされて

もんだいIV：(1) 帰らせて　(2) 掃除させられ　(3) しかられ／ほめられ　(4) 休ませて

（練習2）

もんだいI：(1) 勉強させられ　(2) 頼まれ　(3) 練習させ　(4) 行かせられ

もんだいII：(1) 読まれ　(2) 呼ばれて　(3) 習わせられ　(4) 食べさせられ　(5) 泣かせ　(6) 建てられて　(7) 行われて　(8) 歌わされて　(9) 押されて　(10) 払わせられて

もんだいIII：(1) 怒られました／させられました／書かせられました　(2) 言われました／泳がせられて

もんだいIV：＊書くだけでなく、実際に発話してみましょう。

復習テスト（4）　（P 98～101）

I：1. やっと　2. そろそろ　3. どんどん　4. だんだん　5. じっくり　6. ちょっと　7. いろいろ

II：1. あした早く家に帰らせてください。　2. 疲れたので、少し休ませてください。　3. レポートを書くのでパソコンを使わせてください。　4. わたしを心配させないでください。　5. ワンさんをここで待たせてください。　6. 毎日同じ話を言わせないでください。

III：1. a　2. d　3. b　4. c　5. b　6. d　7. b　8. c　9. c　10. a　11. b　12. d　13. b　14. b　15. a

IV：1.（1）先生は学生に辞書を買わせました。　(2) 学生は先生に辞書を買わせられました。　2.（1）医者は今井さんに検査を受けさせました。　(2) 今井さんは医者に検査を受けさせられました。　3.（1）友だちはわたしを待たせました。　(2) わたしは友だちに待たせられました。

V：1.（1）いらっしゃいます　(2) なさいます　(3) ご覧ください　2.（1）申します　(2) いたします　(3) おりません／おります

VI：1. h　2. a　3. f　4. b　5. e　6. d　7. i　8. g

VII：1. おかけ　2. おりません　3. お確かめになって